COMO TER UMA SEGUNDA LUA DE MEL COM O MESMO MARIDO

CB134503

SHANNON e
GREG ETHRIDGE

COMO TER UMA SEGUNDA LUA DE MEL COM O MESMO MARIDO

Acendendo a paixão e a alegria que vocês tanto desejam

Traduzido por CECÍLIA ELLER

MC
mundocristão
São Paulo

Copyright © 2006 por Shannon e Greg Ethridge
Publicado originalmente por Waterbrook Press, Colorado, EUA.

Os textos das referências bíblicas foram extraídos da *Nova Versão Internacional* (NVI), da Sociedade Bíblica Internacional, salvo indicação específica.

Todos os direitos reservados e protegidos pela Lei nº 9.610, de 19/02/1998.

É expressamente proibida a reprodução total ou parcial deste livro, por quaisquer meios (eletrônicos, mecânicos, fotográficos, gravação e outros), sem prévia autorização, por escrito, da editora.

Dados Internacionais de Catalogação na Publicação (CIP)
(Câmara Brasileira do Livro, SP, Brasil)

Ethridge, Shannon

Como ter uma segunda lua de mel com o mesmo marido: acendendo a paixão e a alegria que vocês tanto desejam / Shannon e Greg Ethridge. – São Paulo: Mundo Cristão, 2011.

Titulo original: Every Woman's Marriage.

1. Casamento – Aspectos religiosos – Cristianismo 2. Esposas – Vida religiosa
3. Homem-mulher – Relacionamento – Aspectos religiosos – Cristianismo I. Título

10-02877 CDD-248.8435

Índice para catálogo sistemático:
1. Mulheres: Casamento: Aspectos religiosos: Cristianismo 248.8435
Categoria: Casamento

Publicado no Brasil com todos os direitos reservados por:
Editora Mundo Cristão
Rua Antônio Carlos Tacconi, 79, São Paulo, SP, Brasil, CEP 04810-020
Telefone: (11) 2127-4147
Home page: www.mundocristao.com.br

1ª edição: maio de 2011

Dedicatória

Dedicamos este livro a nossos pais,
James e Joan Phillips
e
Jay e Wanda Ethridge,
os quais, juntos, já estão casados há mais de cem anos.
É uma alegria para nós ter exemplos
de amor incondicional e compromisso a seguir.

Sumário

Agradecimentos

Lisa e Randy Cooper, Charles e Martha Squibb, Bob e Kathleen Gray, Linda e Jaratt Major: vocês são os amigos e mentores que possuem um casamento segundo o padrão bíblico, além de nos terem encorajado durante todo o processo. Muito obrigado por serem exemplos tão inspiradores de amor genuíno por Deus e um pelo outro.

Dr. Tom Haygood, muito obrigado por compartilhar sua paixão por casamentos saudáveis e nos ajudar a transformar nosso casamento em algo muito melhor do que jamais havíamos experimentado. Que seu ministério e prática de aconselhamento continuem a produzir muitos frutos para o Senhor.

Julianne Davis, apreciamos a forma em que você esteve ao lado de Shannon em vários momentos cruciais de nossa vida. Você é uma pessoa enviada por Deus.

Karen Schulze, Betsy Smith, dr. James McDaniel e pr. Bob Smith, muito obrigado pela rápida revisão de partes ou da totalidade do manuscrito. Suas críticas construtivas e afirmações de encorajamento nos proporcionaram grande confiança para prosseguir.

Maridos e mulheres da Igreja Garden Valley Bible, do Mercy Ships International e do Ministério Teen Mania, bem como todos os visitantes do *website* do Ministério de Shannon Ethridge <www.shannonethridge.com>: muito obrigado por compartilharem seus testemunhos, os quais ilustram tão vividamente as questões que a maior parte dos casais enfrenta. Este livro é tão nosso quanto de vocês.

Becky e Dan DeGroat, Jill e Kerry Peterson, Shelly e Mickey Lewis: muito obrigado por terem se dedicado tanto para tornar possível a conferência "Levando seu casamento ao ponto mais alto". Foi uma experiência real de aprendizagem para nós e forneceu muito material para este livro.

Nossos amigos e companheiros de trabalho na editora WaterBrook, na companhia de relações públicas Muntsinger & McClure e na empresa de publicidade Pure: não teríamos influenciado tantos casais sem a parceria de vocês. Muito obrigado pelas coisas maravilhosas que vocês fazem para levar os livros da série Todo Homem e Toda Mulher a tantas pessoas ao redor do mundo. Seu comprometimento com a excelência glorifica verdadeiramente a Deus.

Liz Heaney, não conseguimos imaginar como seria escrever um livro sem sua maravilhosa e criativa assistência editorial. Muito obrigado por falar a verdade com tanto amor. Você e Casey são demais!

Todos os amigos que continuamente se lembraram de nosso nome em oração enquanto escrevíamos este livro: apreciamos a maneira pela qual vocês mantiveram abertos os portões do céu em nosso favor e intercederam pelos casais de todas as partes do mundo.

Finalmente, mas acima de tudo, queremos agradecer a ti, Jesus, que é a liga que nos mantém unidos. Obrigado por nos ensinares, por meio de teu exemplo, como amar um ao outro sem limites.

Introdução

Por Fred Stoeker

O casamento envolve tanta coisa, não é mesmo? É incrível quando se para e p ensa a esse respeito. Talvez seja essa verdade que a tenha impedido de jogar seu casamento na lata de lixo chamada "tempo perdido" e de seguir em frente, em outra busca por um relacionamento melhor. Algumas vezes, o coração do cônjuge pode parecer endurecido.

Mas eu me pergunto quantas vezes diversos casais se apressam em pular fora do casamento sem se dar conta de quanto o *próprio* coração estava endurecido no relacionamento. Falo com base em minha experiência pessoal. Eu tinha dificuldade de reconhecer o coração endurecido em frente ao espelho. Quando Brenda me contou que isso estava acontecendo, não dei ouvidos até ela me fazer sentar à mesa da cozinha, me olhar direto nos olhos e fazer ruir meu mundo com as seguintes palavras:

— Eu não sei como lhe dizer isso, então vou direto ao ponto. Meus sentimentos por você estão mortos.

Essa declaração me pegou de surpresa. Ela era a doce menina que o próprio Deus escolhera para mim. Era minha esposa — e todos os meus sonhos e esperanças estavam ligados a ela. Eu faria qualquer coisa por ela. Como isso podia estar acontecendo?

Fiz algumas perguntas a Brenda depois daquela afirmação surpreendente.

— Querida, mas e então? Você ainda me ama?

— Sim — ela respondeu. — Eu ainda o amo.

— Mas, se ainda existe amor, como é que os seus sentimentos por mim podem estar mortos?

A falta de habilidade de Brenda em encontrar palavras para se expressar me deixou confuso. Durante a semana seguinte, ondas de pânico tomaram conta de mim, deixando-me em estado de colapso nervoso em momentos imprevistos. Finalmente, certo dia, enquanto eu entrava na cozinha para pegar um copo de leite, lágrimas encheram meus olhos mais uma vez. Depois de encher o copo, fiquei ali por um bom tempo, apenas encarando a geladeira com os olhos molhados. Então, apontei para o céu e disse: "Meu Deus, não importa quanta pedra eu tenha de engolir, não vou de maneira nenhuma me divorciar".

Foi naquele dia que eu amoleci o coração, o dia em que descobri a necessidade de pagar um alto preço, muito maior do que havia cogitado em pagar antes. Deus disse em Efésios 5 que eu deveria entregar minha vida por meu casamento, assim como ele entregara a própria vida por sua noiva, a igreja. Eu não havia nem começado a me aproximar de tamanho sacrifício.

Fiz aquela oração desesperada a Deus vinte anos atrás. Há pouco tempo, um diácono me disse: "Fred, eu conheço apenas dois casais que desfrutam de um grau de intimidade que lhes permite conversar um com o outro sobre absolutamente tudo — até mesmo sobre os próprios pecados — sem nenhum medo e com amor pleno. Você e Brenda são um desses casais".

Como chegamos de uma situação à outra? O livro *Every Man's Marriage* [O casamento de todo homem] conta a história de como eu, que pensava que liderança conjugal era sinônimo de eu ser a pessoa que nunca precisava mudar, cheguei ao aprendizado de que a liderança requer muito mais mudança do que eu jamais havia sonhado. Ser líder é carregar a honra de ser a pessoa que dá o exemplo, de ser o primeiro na casa a buscar falhas no próprio coração e mudá-las muito antes de desrespeitar o profundo da alma da esposa.

Já vi diversos homens lerem *Every Man's Marriage* e mudarem radicalmente o próprio casamento, ao colocarem os princípios do livro em prática. Mas também ouvi muitos homens dizerem: "Fred, concordo com seu livro e acredito que preciso mudar algumas coisas na maneira de tratar as pessoas daqui de casa, especialmente minha esposa. Admito que ela já havia apontado algumas delas antes de você, mas eu não dava ouvidos. Agora estou pronto para ouvir e espero que minha esposa também esteja. Tenho lhe falado algumas coisas às quais ela, por sua vez, não tem dado ouvidos. Existe um livro disponível que você recomendaria que aborde o outro lado da questão?".

Sim, existe. E é exatamente este que você está segurando em suas mãos. Aquilo que aprendi de mais importante ao longo do tempo com Brenda é que casamento tem tudo que ver com mudanças. Está ligado a se tornar o cônjuge que Deus deseja que sejamos. Este livro proporciona a oportunidade de ouvir os direcionamentos de Deus uma vez mais e fazer as mudanças necessárias.

Eu estava esperando ansioso pelo dia da publicação de *O casamento de toda mulher* há muito tempo e não poderia ficar mais feliz com a autora escolhida, Shannon Ethridge. Desde o dia em que a conheci, fiquei impressionado com sua paixão pela pureza sexual e pela união no casamento. Ela possui um grau de clareza da visão pessoal de Deus para sua vida que poucas pessoas experimentam.

Mas foi apenas quando tive a oportunidade de conhecer Greg, seu marido, e de tomar café da manhã com os dois que consegui compreender o que Deus havia feito quando a escolheu para escrever a série de livros Toda Mulher. Depois de vê-los juntos e de ouvi-la falar tanto em público quanto individualmente sobre seu amor por Greg e por tudo que o casamento significa, tive certeza de que *O casamento de toda mulher* estaria em boas mãos. Mal posso esperar para ler os *e-mails* de homens e mulheres que tiveram sua vida transformada como resultado do excelente trabalho de Shannon nesta obra.

Por Stephen Arterburn

Se você passar um tempo junto com Fred e Brenda, verá que o amor que um sente pelo outro é algo muito sério. A proximidade de que eles desfrutam é rara, bela e inspira muitos de nós a olharem uma segunda vez para o casamento, para ver como ele pode funcionar bem e como ele pode não funcionar bem.

Já vi, na minha vida pessoal, como as coisas podem dar errado, e não foi nada bom. Muitas de vocês podem compartilhar dessa mesma experiência negativa. Talvez isso aconteça porque você está casada com um homem que não se dispõe a olhar para o casamento sob um ângulo diferente do que ele elaborou para si ou com alguém cuja filosofia acerca do casamento lhe foi ensinada por uma família desinformada ou por uma religião pouco esclarecida.

A história da difícil jornada marital de Fred e Brenda — conforme contada em *Every Man's Marriage* — é uma obra-prima da intenção original de Deus para o casamento. Foi uma jornada radical e contrária ao que vários educadores bíblicos estavam ensinando. Fred apontou aquilo que muitos maridos fazem e que causa danos ao casamento e depois explicou o que os homens podem fazer para reverter os danos.

Depois que o livro foi lançado, chegaram cartas e *e-mails* contando como esse livro tão difícil de engolir abrira os olhos dos cegos e os ouvidos dos surdos. Milagres aconteceram, e ficamos empolgados de ouvir acerca de vidas transformadas e casamentos curados. As mulheres nos elogiaram por termos introduzido o conceito de submissão mútua e da rica e amorosa intimidade em seu casamento. É incrível o que pode acontecer quando duas pessoas olham voluntariamente para si mesmas e se dispõem a trabalhar em seus defeitos. Nós, os homens, precisávamos fazer isso.

Agora é o momento para que as mulheres tenham uma ferramenta para examinar a si próprias e o papel que elas desempenham no casamento. *O casamento de toda mulher* é esse instrumento. Shannon Ethridge quase destruiu seu casamento, mas encontrou grande esperança e cura quando passou a se preocupar com seus defeitos, em vez de apontar o dedo para o marido, Greg. Eu a admiro por sua força e sabedoria bíblica. O casamento que ela e Greg possuem hoje é um testemunho das verdades encontradas neste ótimo livro.

Minha oração é que você o leia com a mente aberta, não para procurar trechos que demonstrem que você já está fazendo o que é certo, mas para buscar áreas que necessitam de melhoria em seu coração e em seu lar. Se fizer isso, seu casamento poderá ser muito diferente e melhor, o começo de um novo estilo de vida para você e seu esposo.

Todavia, permita-me fazer duas advertências. Em primeiro lugar, nem todo casamento problemático chega a um final feliz, como aconteceu com o casal Stoeker e com o casal Ethridge. Mesmo se você ler tudo o que se encontra nas páginas deste livro, não existe garantia de que seu casamento será sarado. Por quê? Porque é necessário o envolvimento de duas pessoas para consertar um casamento e, se vocês dois não trabalharem juntos, não poderão encontrar cura, crescimento e intimidade mais profunda.

Mas você pode contar com algumas coisas que, de fato, acontecerão. Você mudará a dinâmica de seu casamento e transformará seu relacionamento com Deus. Não é possível implementar os princípios deste livro e permanecer o mesmo. A diferença que ocorrerá pode levar seu casamento à cura.

A segunda advertência é: não pense que o divórcio conserta muita coisa. Com base em minha experiência pessoal, posso afirmar que isso não acontece. Por isso, eu a deixo com um desafio. Leia este livro com grandes expectativas. Depois, seja paciente e veja o que Deus é capaz de fazer.

Finalmente, muito obrigado por permitir que Shannon e Greg levem você a lançar um novo olhar sobre si mesma e sobre seu casamento. Espero que goste do que vai descobrir.

PARTE 1

Quando o coração esfria

1 Mulheres desesperadas, maridos desesperados

— VOCÊ NÃO SUPRE MINHAS NECESSIDADES emocionais!

Depois de sete anos de casamento, eu estava pensando seriamente em deixar Greg e meus dois filhos pequenos, para ir em busca do "amor" que acreditava merecer, mas que sentia não estar obtendo em nosso relacionamento. Eu não fazia ideia do lugar para onde deveria ir ou se conseguiria me virar sozinha, mas não tinha certeza se seria capaz de continuar sobrevivendo num casamento sem vida. Tinha a sensação de que não era mais do que uma empregada, cozinheira e escape ocasional de tensão sexual, funções pelas quais eu recebia um pagamento muito abaixo do mercado.

Não conseguia imaginar como meu coração esfriara tanto em relação a meu marido. Nós nos conhecemos no dia 21 de abril de 1989, quando visitei um grupo de solteiros de uma igreja em uma noite de jogos. Embora não acredite em amor à primeira vista, Greg definitivamente chamou minha atenção naquela noite, destacando-se acima dos outros rapazes solteiros do ombro até a cabeça (literalmente, já que ele tem quase dois metros de altura). Todas as vezes que precisávamos formar pares para uma brincadeira, ficava esperançosa de que Greg e eu acabássemos juntos, mas não tive essa sorte. No entanto, as coisas começaram a acontecer entre nós, à medida que nos conhecíamos melhor ao longo das semanas seguintes. No verão, começamos a namorar. Todas as manhãs, eu andava pelo bairro onde vivia e orava: "Meu Deus, quero me casar com a pessoa que o Senhor está preparando para mim, mas, caso o Senhor queira saber meu desejo, gostaria que fosse com Greg!".

Eu tinha 110% de certeza de que Greg era o homem ao lado de quem eu desejava passar o restante da vida. Em novembro, já estava doida para que ele me pedisse em casamento, o que finalmente ele fez, pouco antes do Natal. Ele disse: "Você planeja a cerimônia, e eu cuido da lua de mel". Parecia excelente para mim.

Nós nos casamos no dia 21 de abril de 1990, exatamente um ano depois do dia em que nos conhecemos. Até meu pai tinha a certeza de que Greg era a pessoa perfeita para mim. Enquanto entrávamos na igreja, ele me disse: "Nem pense em mudar de ideia, ou serei obrigado a lhe dar um tiro nas costas!". O pensamento de desistir nunca passou pela minha cabeça. Era bom demais para ser verdade, e eu nunca estragaria isso.

Contudo, antes do fim da lua de mel, a sensação de descontentamento já ameaçava bater à porta. Greg planejara uma viagem de cinco dias para o Walt Disney World, seguida de um fim de semana em Clearwater Beach, na Flórida. Na primeira manhã, quando acordamos em Orlando, eu estava completamente exausta das festividades do casamento e da viagem. A única coisa que eu queria era deixar as cortinas fechadas e ficar embaixo das cobertas, curtindo algumas horas extras de sono. Entretanto, fui acordada quando Greg se sentou na beirada da cama, de banho tomado, barbeado, vestido e pronto para sair por volta das sete da manhã.

— Venha! Levante-se! Vamos tomar café da manhã com o Mickey — ele convidou.

Eu cedi e fui me arrastando para o chuveiro naquela terrível hora da madrugada. Mas, depois de seguir Greg pelo Epcot Center durante duas horas, ele com suas longas pernas trotando de brinquedo em brinquedo, e eu com minhas pernas pequenas galopando para tentar acompanhar, ameacei voltar para o hotel sozinha. Ele tentou diminuir o ritmo, lutando contra o entusiasmo, enquanto eu procurava me acalmar, resistindo ao desejo de reclamar sobre sua opção de local para passar a lua de mel. Embora tenha sido divertido e nós tenhamos algumas ótimas lembranças dessa viagem, correr pela Disneylândia não era exatamente meu ideal de lua de mel romântica e relaxante. Ao longo de toda aquela semana, eu sonhava em me deitar nas praias de Clearwater e só ficar lá, sem fazer nada, tomando sol junto com Greg, como marido e mulher.

Mas aquele final de semana não teria nenhum momento de relaxamento ao sol. Chegamos a Clearwater Beach no meio de uma tempestade e de uma frente fria que reduziu a temperatura a aproximadamente dez graus. Pensando que passaríamos a maior parte do tempo em atividades ao ar livre, Greg reservara um quarto pequeno num hotel barato. Mas nós não podíamos sair muito, já que só havíamos levado roupas apropriadas para o calor. Ficamos assistindo a filmes na maior parte do tempo e comendo sobras de *pizza*. Finalmente, o clima (ou a falta dele), a exaustão e o desapontamento tomaram conta de mim. Não lembro o que dissemos, nem como dissemos, mas Greg e eu tivemos nossa primeira briga séria antes mesmo de retornarmos da lua de mel. Eu não conseguia acreditar que ele não tinha pensado em verificar a previsão do tempo antes da viagem e que nem mesmo me consultara sobre como eu planejava passar nossa lua de mel. Greg, por sua vez, não podia crer que eu era insensível o suficiente a ponto de ficar irritada, quando tudo o que ele queria era me surpreender e encantar.

É claro que eu não deixaria uma pequena discussão arruinar nosso casamento. Greg era um cristão comprometido e o líder do grupo de jovens. Isso me havia inspirado a começar a trabalhar com a juventude também. Ele era divertido, aventureiro e me levava a várias viagens em grupo para esquiar, acampar e mergulhar. Além disso, era inteligente e estável financeiramente, graduado pela Southern Methodist University e contador público registrado. Era uma pessoa extremamente tranquila e tinha a fama de ser um cara muito legal, com quem ninguém conseguia ficar bravo. Isto é, ninguém exceto eu.

Sete anos e dois filhos depois, eu o incomodava constantemente por não tomar iniciativas românticas e por ser acomodado demais. Minha lista de reclamações era bem longa: ele nunca me chamava para sair nem se oferecia para me levar para jantar fora. Não me mandava cartões nem me presenteava com flores. Eu estava cansada de ser obrigada a dar dicas sobre como minhas necessidades emocionais precisavam ser atendidas. Achava que não contava se a ideia e a maneira de fazer não fossem iniciativa dele. Estava enjoada e esgotada de ficar catando brinquedos e peças de montar o tempo todo, de limpar o nariz e o bumbum das crianças e de tirar pedaços de bolacha e cereais dos assentos do carro. Sentia como se a vida tivesse de ser mais do que apenas isso.

Cada dia que passava, eu me afundava mais e mais na depressão. Hoje, quando me lembro dessa época, percebo que minha tristeza não tinha nada que ver com as coisas que meu marido fazia ou deixava de fazer. Em vez disso, estava relacionada a como eu me sentia em relação a mim mesma. Precisava de que Greg afirmasse meu valor, me fizesse sentir bonita e me convencesse de que eu era uma mulher desejável, pois não estava conseguindo sentir nada disso sozinha. Mas, naquele tempo, tinha convicção de que ele era o culpado.

Não sou a primeira ou a única esposa a se sentir dessa maneira. Na verdade, já encontrei muitas mulheres que nutrem profunda insatisfação em relação ao marido e a seu casamento.

Histórias de descontentamento

Ramona estava casada havia catorze anos, e, no início, achava que tinha se comprometido com o melhor homem do mundo. Todavia, sentimentos de raiva, amargura e rejeição vieram à tona enquanto ela e o marido lutavam para entender um ao outro. Ele quase não parava em casa e a deixava sozinha criando quatro filhos pequenos a maior parte do tempo. Eles tinham pouco tempo um para o outro e quase nenhum romance. Ele era consumido pela profissão e pelo desejo de manter o *status* financeiro, enquanto ela se dedicava integralmente às crianças e ao trabalho, que ela admitia ser apenas um escape para ter suas necessidades emocionais atendidas por outros. Suas obrigações na igreja e as atividades esportivas e extracurriculares das crianças também lhe tiravam uma quantidade enorme de tempo e energia. Sentindo-se sufocada pela falta de alegria e paixão no relacionamento, Ramona declarou:

> Meu marido parece incapaz de expressar quanto sou importante para ele e diz que isso acontece por causa de como foi criado, que os homens não são bons nesse tipo de coisa etc. Sinto-me solitária, enganada e vazia. Quando outros homens começam a me elogiar, percebo que caio direitinho na lábia deles. Já tive culpa por me envolver em relacionamentos emocionais, mas sinto que Deus quer que eu seja forte e preserve meu casamento. Já tentei ser romântica com meu marido e cativá-lo, mas sempre parece que habitamos mundos separados. Estou cansada de ser supermãe, esposa e líder espiritual da família. Quando ele vai tomar a iniciativa e assumir seu papel?

A desilusão também pode se estabelecer bem antes da sobrecarga de educar os filhos. Após apenas um ano de casamento, ficara evidente para Claire que a realidade não se igualava a suas expectativas. Ela lamenta:

> Passamos a maior parte do tempo brigando ou sem conversar um com o outro. A palavra "divórcio" não faz parte do nosso vocabulário, mas tenho pensamentos frequentes de como minha vida poderia ser depois que meu marido morrer. Tenho uma lista mental dos homens com quem gostaria de namorar. E é uma lista bem longa. Todos eles atenderam a diferentes necessidades que eu tive em fases diferentes da vida. Então, fico pensando sobre quanto seria maravilhoso estar solteira novamente. Eu estaria melhor sem a dívida da faculdade do meu esposo e sem suas meias sujas. Mas me casei com ele por um motivo. Qual foi mesmo?

Ironicamente, Claire também se recorda de que era muito infeliz quando solteira e pensava que o casamento resolveria todos os seus problemas. Como sua situação demonstra, livrar-se da condição de solteira apenas troca um conjunto de problemas por outro, mais complicado.

Algumas mulheres se agarram à esperança de que sua infelicidade irá enfim desaparecer e que a vida, de alguma forma, será melhor. Como Helen explica, essa esperança de um relacionamento mais satisfatório ao longo do tempo normalmente acaba frustrada:

> Parece que cada fase do casamento traz consigo nova esperança de que certamente as coisas irão melhorar em breve. Seremos mais felizes quando tivermos dinheiro para comprar a casa própria... quando tivermos filhos... quando as crianças pararem de usar fraldas... quando meu marido conseguir uma promoção que me permitirá ficar em casa para cuidar dele e dos filhos em tempo integral... quando nossos filhos forem para a faculdade... quando não tivermos mais que pagar a faculdade dos filhos... quando nos aposentarmos. Tenho esperado por um futuro mais brilhante quase todos os dias dos últimos 27 anos e, francamente, me pergunto se um dia teremos o casamento que eu sempre desejei.

Certas mulheres se encontram tão infelizes que chegam a considerar a possibilidade de apertar o botão *eject* e ir embora, na tentativa de encontrar outro homem. Era o caso dessa mulher, que assinou sua carta a uma coluna de aconselhamento como "No inferno dos relacionamentos":

> Estou casada há três anos e terrivelmente infeliz. Não estou mais apaixonada por meu marido, embora eu me importe com ele. Meu filho está felicíssimo morando no subúrbio numa família com pai e mãe. Ele tem treze anos e ficaria muito vulnerável a problemas emocionais se nos divorciássemos [...]
>
> Será que devo continuar com meu marido, que é um amigo, mas não minha alma gêmea, até que meu filho vá para a faculdade (faltam cinco anos!), mesmo que isso envolva fantasiar que estou com outro homem durante a relação sexual? Ou devo deixá-lo e ter esperança de encontrar outro homem disponível a quem amar?[1]

Fico imaginando qual é o papel que essa mulher desempenhou em minar a própria felicidade durante os três anos em que esteve casada. Se ela encontrar outro "homem disponível a quem amar", provavelmente descobrirá que existe um denominador comum em todos os relacionamentos: ela mesma. Enquanto esse denominador comum estiver infeliz consigo próprio, ela continuará insatisfeita em qualquer equação relacional.

O erro que cometemos

Encaremos a realidade. Nada de mágico acontece depois que colocamos uma aliança no dedo. Se éramos infelizes antes do casamento, é possível que voltemos a ser pouco depois da lua de mel. O casamento não nos faz sentir melhor a respeito de nós mesmas nem resolve nossos problemas a longo prazo. Nenhum marido é capaz de ser o Cavaleiro Branco que nos resgata de todas as dificuldades e inseguranças. Em algum ponto, precisamos virar adultas e encarar o trabalho de resolver nossos próprios problemas, remediar as inseguranças e ficar felizes com nós mesmas, antes de conseguirmos ser completamente felizes no casamento.

Porém, se falharmos em reconhecer a necessidade de superar nossas limitações, seremos levadas a acreditar que nossos problemas de relacionamento devem ser culpa *do marido*. Podemos presumir erroneamente que nossa vida seria muito melhor se tivéssemos outro homem a quem amar e talvez não paremos para refletir se *nós* desempenhamos um papel em nosso ciclo de descontentamento.

A verdade é que nenhum casamento está isento da desilusão. Até mesmo os relacionamentos mais inspiradores passam por dias escuros, que nublam a história do casal, como pingos de chuva em seu desfile do tema "temos o casamento perfeito". Do lado de fora, uma esposa pode aparentar ter o casamento ideal, mas a paisagem interior de seu coração muitas vezes revela profundo desapontamento, raiva, amargura e arrependimento.

O mesmo é verdadeiro para os maridos. Você não acredita que esse possa ser o caso do seu? Prepare-se para uma possível surpresa. Foi o que aconteceu comigo. Se qualquer pessoa me perguntasse, durante nossos primeiros sete anos de casamento, se Greg estava satisfeito com o relacionamento, eu não precisaria nem piscar os olhos. "Com certeza!" — seria a resposta que sairia da minha boca, na qual acreditava de todo o coração. Mas certo dia precisei acordar para a realidade.

Meu rude despertar

Era provavelmente a enésima vez que estávamos tendo a mesma briga. Eu não sentia — de novo! — que Greg estava fazendo qualquer tentativa para atender a minhas necessidades emocionais. Fazia dias que não tínhamos uma conversa significativa, semanas que não fazíamos sexo e meses que ele não me levava para sair e para termos um pouco de tempo de qualidade juntos. Em vez de perguntar-lhe de forma amorosa: "Estou fazendo algo de errado que está levando seu coração a esfriar em relação a mim?", tenho vergonha de dizer que apelei para a velha e falha atitude de acusação: "Você é *passivo* demais!", e o culpei, com raiva, pela falta de paixão em nosso relacionamento. "Por que você não me procura mais? Será que nunca passa pela sua cabeça a ideia de me ligar para perguntar se eu gostaria de jantar fora? Ou de me trazer flores? Qualquer coisa para mostrar que você ainda se importa comigo?"

Enquanto eu ficava deitada na cama, pelo que me pareceu uma meia hora, esperando uma resposta a minha enxurrada de questões e exigências, ficava cada vez mais furiosa com o que julgava ser uma falha de caráter do meu marido. Por fim, tirei as cobertas e exclamei de forma dramática: "Estou tão brava com sua passividade que não consigo nem dormir na mesma cama que você esta noite!".

Nossos filhos estavam passando a noite na casa dos avós, então entrei no quarto de minha filha com os travesseiros a reboque. Assim que liguei a luz, descobri que a cama dela estava sem lençóis. Enquanto descia as escadas para ir ao porão tirar os lençóis dela da secadora, estava determinada a deixar bem claro para Greg que sua falta de atenção a minhas necessidades emocionais não iria funcionar mais para mim. Quando cheguei ao porão, descobri que os lençóis ainda estavam molhados, dentro da máquina de lavar. Eu havia pedido a Greg para colocar as roupas na secadora mais cedo, e ele se esquecera! Agora, sim, eu estava nervosa de verdade.

Peguei meu saco de dormir que estava num armário no piso de baixo, voltei e deparei com Greg me esperando no quarto de Erin. Ele pediu: "Será que você pode parar de fazer isso, Shannon? Venha para a cama, e vamos conversar para tentar resolver. Dormir separados não vai ajudar em nada!".

Naquele momento, precisei fazer uma escolha. Eu tinha a opção de amolecer o coração, engolir o orgulho e voltar para nosso quarto como uma mulher adulta ou poderia bater o pé e resistir, numa tentativa desesperada de provar os fortes sentimentos que nutria sobre o assunto. Escolhi ficar firme e bater o pé bem forte. Apontei o dedo para aquele homem 35 centímetros mais alto do que eu e mais de quarenta quilos mais forte e declarei: "Eu me recuso a permanecer nesse casamento sem vida! Todas as vezes que tivemos problemas no relacionamento, sempre procurei aconselhamento sozinha. Mas, dessa vez, o problema é *seu*, então sugiro que *você* lide com ele!". Acomodei-me soluçando no saco de dormir, e Greg se retirou em direção ao nosso quarto, sentindo-se derrotado.

Duas vezes durante a noite, ouvi Greg levantar-se e entrar no quarto onde eu estava. Acordei na esperança de que ele iria se aconchegar na cama ao meu lado, pedir desculpas por sua displicência e me abraçar pelo restante da noite. Infelizmente, não tive essa sorte. Em ambas as ocasiões voltei a dormir sozinha.

Na manhã seguinte, não consegui acreditar na bruxa malvada que eu fora, agindo como se *gritar com meu marido* fosse fazer que ele melhorasse suas maneiras de demonstrar o tamanho de seu amor por mim! Finalmente, engoli o orgulho e voltei para nosso quarto. Fiquei surpresa ao encontrar Greg deitado sobre um travesseiro molhado, com o rosto rubro e um olhar de temor estampado nos olhos vermelhos. Eis o relato de Greg sobre aquela noite:

> Shannon foi dormir por volta de meia-noite, e eu continuei pensando em todas as coisas que gostaria de ter dito ou feito nos meses anteriores para demonstrar

quanto eu a amava. Embora me sentisse esgotado, não conseguia dormir. Ficava pensando: "Eu sei as coisas de que ela gosta e como fazê-la se sentir especial. Então, por que não me lembro de fazer tudo isso? Por que tenho tanta motivação para trabalhar duro para agradar outras pessoas, mas não consigo reconhecer quando minha própria esposa necessita de minha atenção?". Eu me sentia um fracasso total como marido.

Por volta das três horas da manhã, comecei a pensar no quanto Shannon estaria mais feliz se eu simplesmente não fizesse parte da vida dela. Disse a mim mesmo que, caso algo acontecesse comigo, ela ficaria muito melhor com o dinheiro do seguro e a chance de um casamento mais feliz com outra pessoa, em vez de se ver presa num "casamento sem vida", como ela descrevia com tanta frequência.

Por volta das quatro horas, eu estava num estado de confusão mental tão grande que comecei a me perguntar se ela pensava o mesmo — que estaria melhor sem mim. Embora essa ideia me pareça boba hoje, já que Shannon nunca demonstrou tendências de ser violenta fisicamente, tive pensamentos de que ela pudesse tentar livrar-se de mim. Comecei a visualizá-la pegando uma faca afiada do balcão da cozinha e entrando no quarto enquanto eu dormia. Fiquei tão assustado com essa possibilidade que me levantei duas vezes no meio da noite para ver se ela estava fora da cama, quem sabe caminhando em direção à cozinha.

Às cinco horas, me dei conta de que esses pensamentos eram ridículos, e meu medo se transformou em depressão. Além de não estar à altura das expectativas de Shannon, comecei a sentir como se estivesse desapontando todo mundo. Eu estava trabalhando muito, mas alcançando poucos objetivos no escritório. Quanto mais tempo passava no trabalho, menos me dedicava a meus filhos. Estávamos sufocados sob um fardo de dívidas, e as contas continuavam a se empilhar. A vida parecia estar me jogando para baixo de tantas formas que eu não sentia ter forças suficientes para me levantar muitas outras vezes. "Talvez eu mesmo deva colocar uma faca na barriga", pensei. Felizmente, Shannon se aconchegou comigo na cama logo depois, e eu reuni coragem para lhe contar tudo o que estava pensando.

Quando Greg me contou sobre sua noite, não pude acreditar no que estava ouvindo. Uma pequena parte de mim tinha vontade de ficar brava com ele de novo pela ideia absurda de que eu seria capaz de machucá-lo de alguma maneira. Entretanto, a maior parte de mim se sentiu confusa, enquanto reconhecia: "Shannon, esse é o efeito que sua raiva e desilusão produzem no Greg. Você o está matando com sua própria infelicidade. Isso não é um problema *dele*, é problema *seu*. Se você quer que ele supra suas necessidades emocionais, precisa aprender a *inspirar* as afeições dele, em lugar de *exigi-las*. E que tal reconhecer que ele também tem necessidades emocionais?".

Até aquela noite inesquecível, eu havia culpado Greg por minha infelicidade. Mas não podia continuar negando que *eu era a pessoa que estava fazendo furos no balde de nossa felicidade conjugal*! Dentro de alguns dias, estávamos no escritório de um conselheiro matrimonial, onde Greg fez votos de não se martirizar, e eu, a promessa de me esforçar para controlar minha raiva. Juntos, nós nos comprometemos a tentar entender as necessidades emocionais um do outro.

Caso você esteja pensando que Greg é diferente dos outros homens nessa área, pense novamente. Algumas mulheres presumem que tudo o que um marido precisa para ser feliz é de sexo e comida. Assim, contanto que ele receba essas coisas no tempo apropriado, a esposa pode tratá-lo como bem entender. Contudo, a verdade é que os homens também possuem necessidades emocionais específicas, sobre as quais eles podem não ter disposição para falar ou ser incapazes de fazê-lo. Caso a esposa ignore essas necessidades, ele se sentirá destruído e tomará medidas para se proteger, com um padrão de brigas ou fugas. Ele pode lutar por seus direitos no relacionamento, exigindo que a esposa se submeta a atender certas necessidades. Ou, como Greg, pode optar pela fuga, retrair-se emocionalmente e até mesmo procurar por um amor mais satisfatório fora do casamento.

A verdade é que os homens não são tão diferentes das mulheres no que se refere às necessidades básicas. Eles também possuem necessidades emocionais e podem ter uma sensação de desespero quando elas não são supridas.

Os homens têm necessidades emocionais?

O dia 11 de setembro de 2001 foi marcado por tragédias incontáveis. Milhares perderam entes queridos nas chamas e colapsos subsequentes das Torres Gêmeas de Nova York. Contudo, a trágica perda de pessoas amadas não parou depois que o fogo foi extinto. Oito mulheres casadas com bombeiros da cidade de Nova York vivenciariam mais tarde sua maior experiência de perda pessoal de maneira igualmente alarmante. A maior parte delas afirma que não fazia ideia de que tal perda estava para acontecer.

A que perda eu estou me referindo? Dos maridos, que deixaram o casamento porque se envolveram em casos extraconjugais com mulheres que haviam resgatado dos edifícios em chamas ou com viúvas que perderam o esposo nos ataques terroristas. Dia 30 de agosto de 2004, no programa de televisão de Oprah Winfrey, um representante do Departamento do Corpo de Bombeiros da cidade de Nova York explicou que esse é um fenômeno relativamente comum após grandes tragédias. Os bombeiros são encorajados a desempenhar o papel de "protetores representantes" a uma família enlutada, ajudando seus membros a se ajustarem à vida sem o ente querido. Todavia, para alguns, é claramente difícil resistir à tentação de deixar o papel de representante para se tornar um substituto.

O que mais me chamou a atenção nesse relato foi o fato de as oito esposas deixadas pelo marido afirmarem que não conseguiam antever a possibilidade de infidelidade ou divórcio. De acordo com a perspectiva delas, tudo parecia bem dentro do relacionamento. Os maridos, por outro lado, contaram histórias bem diferentes. Eles disseram que se sentiam ignorados, diminuídos, desrespeitados e desvalorizados. Muitos contaram que sentiam desejo de dar fim ao casamento muito antes da traição começar.

Embora nada justifique a infidelidade no casamento, acredito que existe uma lição a ser aprendida nessa história desalentadora: *o homem tem a necessidade de se sentir o herói de sua esposa*. Ele não quer apenas que ela supra seus desejos sexuais, mas também sente vontade de ter as necessidades emocionais de amor, respeito, apreciação e admiração atendidas. Quando isso não acontece, o coração do marido esfria em relação à mulher. Mas as coisas não precisam ser assim.

Dando o que desejamos receber

Com a mesma intensidade que desejamos que nosso esposo compreenda e supra nossas necessidades mais íntimas, precisamos aprender a dar o que desejamos receber.

No entanto, como uma mulher pode entender as necessidades emocionais de um homem? Ou melhor, como você pode suprir as necessidades de seu marido, acendendo a alegria e a paixão que ambos desejam, e como pode inspirá-lo a tratá-la da maneira que sonha ser tratada? Continue lendo, à medida que refletimos sobre como momentos de desespero exigem medidas igualmente desesperadas.

2

Momentos de desespero exigem medidas desesperadas

NUNCA ME ESQUECEREI DO DIA em que uma de minhas melhores amigas de infância ganhou um novo parquinho de aniversário. Por quê? Porque a cicatriz na minha testa não me deixa esquecer.

O parquinho tinha os típicos balanços, um escorregador, uma barra em formato de U para as crianças rodopiarem e também algo interessante que eu nunca havia visto antes. Tinha o formato de uma jaula e dois bancos, um virado de frente para o outro, os quais permitiam que duas pessoas balançassem ao mesmo tempo num movimento pendular. Duas convidadas da festa de aniversário pularam nos bancos, e eu me ofereci para empurrar, na expectativa de ser a próxima a entrar na jaula. À medida que eu empurrava, as meninas gritavam: "Mais alto!". Então, decidi empurrar de um jeito que eu fazia muitas vezes num balanço comum, individual: colocando as mãos nas costas da pessoa e fazendo força para a frente. Depois, eu corria por debaixo do balanço para o outro lado. Fiz força para conseguir dar o velho impulso e empurrei as meninas tão alto quanto me era possível.

De repente, me dei conta de que o peso da segunda pessoa me impedia de elevar o balanço a uma altura suficiente para passar por baixo da jaula, mas era tarde demais. Os movimentos de meu corpo já estavam comprometidos com a tarefa. Em lugar de correr para o outro lado por baixo, fui pega pelo movimento de volta do balanço pendular. A parte de baixo da jaula atingiu minha testa, me fez cair e arrastar as costas pelo chão.

Embora toda essa manobra possa parecer muito tola, muitas mulheres de hoje também são arrastadas por um balanço pendular semelhante: o feminismo.

(continuação na página 34)

Para iniciantes...

Aqui está uma pequena prévia das medidas que você pode tomar para se proteger contra tempos de desespero.

1. Agradeça a Deus diariamente por seu marido, mencionando atributos característicos que você admira ou aprecia nele. Peça a Deus para lhe mostrar algumas maneiras específicas por meio das quais você pode ser uma bênção na vida dele nesse dia. Em seguida, tome tempo para refletir e ouvir. Peça também ao Senhor que a ajude a segurar a língua quando necessário e a falar a verdade com amor, se for o caso. Expresse o desejo de manter o coração afável em relação a seu marido e de atrair amorosamente o coração dele em direção ao seu.
2. Vença cada pensamento negativo a respeito de seu marido com três pensamentos positivos. É aceitável orar a Deus para mudá-lo ou aperfeiçoá-lo de alguma forma, mas evite reclamar com o Senhor, como se você não apreciasse o presente que ganhou quando ele lhe deu seu marido. Reconheça que não possui o conhecimento necessário para saber quais são as necessidades verdadeiras de seu marido e, em seguida, confie em que Deus sabe (e providenciará) tudo de que seu cônjuge precisa para se tornar mais semelhante a Cristo. Além disso, cada vez que você orar a Deus para que ele mude alguma coisa em seu marido, peça que ele mude três coisas em você.
3. Agradeça a Deus pelas oportunidades que você tem de criar um ambiente familiar feliz para seu esposo e filhos. Se você não gosta de limpar a casa, cozinhar, cuidar da decoração e fazer compras e outros serviços para o lar, ou se seu trabalho fora de casa não lhe permite o luxo de se dedicar a essas tarefas com frequência, peça a Deus a graça de fazer o melhor para tornar sua casa um lugar onde os membros da família gostem de estar. Relembre frequentemente que a família e a vida doméstica são suas prioridades e que as coisas feitas por você para seu esposo e família são valiosas para a eternidade.
4. Se você está se sentindo mal-humorada, fale sobre isso de forma clara a seu marido. Diga que está fora de si e que talvez precise de um

tempo a sós para relaxar, tomar um banho de espuma, ler, orar ou fazer o que for necessário para se acalmar. Se ele não tiver condições de lhe proporcionar esse tempo, ligue para uma amiga, peça a ela para cuidar das crianças por um tempinho e se ofereça para fazer o mesmo quando ela precisar. Nossa saúde mental e emocional pode passar, às vezes, por períodos de fragilidade. Portanto, temos de agir com cuidado quando estamos nos sentindo fora do normal, tendo cautela para não prejudicar nossos relacionamentos.

5. Como nossas decepções geralmente são alimentadas por expectativas não atendidas, evite encher a mente com ideias fixas de como seu marido "deveria" ser. Não o compare com outros homens nem fique repetindo para si mesma de quantas formas ele não a satisfaz. Evite, em especial, as comparações com personagens de televisão, filmes ou livros românticos, já que esses meios de entretenimento pintam uma imagem muito irreal de como os homens geralmente se comportam num relacionamento.

6. Não coloque sobre os ombros de seu marido o fardo da responsabilidade de atender a todas as suas necessidades emocionais. Em vez de colocar a culpa nele, lembre-se de que ter as próprias necessidades satisfeitas é responsabilidade sua e de mais ninguém. Recorra primeiro a Deus e também a outros membros da família e amigas para satisfazer alguns de seus anseios por conexão. Mantenha em mente que seu marido não consegue ler o que se passa em seu pensamento. Se você sente que há algo de que precisa que ele pode atender, não hesite em simplesmente pedir pelo que quer.

7. Tome conta de você: descanse bastante, tenha uma alimentação balanceada, faça exercícios físicos moderados de forma constante e evite o estresse desnecessário causado por sobrecarga de compromissos. Muitas vezes, o descontentamento e a desilusão que uma mulher sente durante o casamento não estão relacionados com o marido, mas com o sentimento de cansaço, distância, sedentarismo ou ocupação excessivos. Todas essas questões podem afetar o relacionamento conjugal, fazendo que a infelicidade da esposa influencie negativamente tanto a ela mesma quanto ao marido, sem mencionar os filhos e outros entes queridos.

Quando Deus criou o homem e a mulher, nos designou para sermos coerdeiros de seu reino, num delicado equilíbrio de poder e submissão mútua (discutiremos a questão da submissão mútua no capítulo 10). Contudo, nos séculos que se seguiram, o balanço de poder pendeu muito fortemente para o lado masculino, e as mulheres se sentiram trapaceadas em seus direitos humanos básicos, em especial os direitos de se proteger de um marido fisicamente abusivo, de serem proprietárias de terra e de votar.

Hoje em dia, todavia, muitas mulheres estão pressionando na direção oposta, resultando em mulheres que desejam poder *sobre* os homens. Ouvi alguns homens se referirem a essa espécie ousada de mulheres como "feminazistas". Tais mulheres promovem a liberdade de reprodução (aborto sem o consentimento do pai), estilos de vida alternativos (lesbianismo) e um ódio geral pelo sexo masculino.[1] Agora, muitos homens estão se sentindo da mesma maneira que as mulheres muito tempo atrás: de certa forma ludibriados e desprovidos de alguns direitos humanos básicos, como o de ser respeitado na própria casa e ser tratado com dignidade. Alguns até mesmo sentem que sofrem abuso emocional por parte da esposa e que nunca têm o direito de conversar sobre isso.

Embora eu nunca me tenha considerado feminista, passei a perceber que muitas de nós que crescemos nos anos setenta e oitenta ingenuamente aderimos a algumas filosofias feministas sem as reconhecermos como tais. A menos que tenhamos sido criadas sob uma rocha, completamente abrigadas das várias mensagens feministas na mídia, não conseguimos escapar à influência do feminismo.

A dra. Laura Schlessinger comentou sobre esse movimento pendular em seu livro *The Proper Care and Feeding of Husbands* [*Do que os homens gostam*[2]], quando disse:

> O compromisso com o casamento e com a criação de filhos foi no passado considerado como o auge da identidade adulta. Assim, as mulheres procuravam cuidadosamente o homem "certo" para essa tarefa e consultavam os pais pedindo opiniões e bênçãos. Hoje, com tão poucos casamentos estáveis e crianças crescendo em núcleos familiares complexos, formados por múltiplos casamentos, divórcios e filhos concebidos fora do casamento, cada vez menos mulheres veem o casamento e a criação de filhos como algo estável, ou até mesmo normal.

> O golpe feminista duplo do enaltecimento das mulheres sem homens (e de filhos sem pais) e o rebaixamento dos homens como desnecessários ou perigosos certamente não contribuiu para o tipo de disposição positiva de que as mulheres precisam para funcionar bem num relacionamento monogâmico, heterossexual e comprometido.
>
> Essa postura autocentrada grandiosa sobre o valor das mulheres, aliada a um claro desdém pelos homens, leva as mulheres a tratá-los mal. Várias mulheres olham para os homens com um sentimento de direito de posse, em vez de visualizar uma oportunidade para o altruísmo. Por quê? Todas essas forças agrupadas deram às mulheres uma falsa noção de superioridade.[3]

Essa falsa noção de superioridade não pode ser negada se observarmos atentamente nossa sociedade. Em alguns círculos, as mulheres são aplaudidas pela coragem de deixar o marido e filhos para descobrirem "quem de fato são" e ir em busca dos próprios sonhos (como se um casamento bem-sucedido e uma vida familiar sólida não fossem metas boas o suficiente). No que se refere aos problemas conjugais, a sociedade insinua que a culpa é, em primeira instância, do homem.

A indústria hollywoodiana de filmes tem nos ensinado repetidamente que os homens não sabem de nada, a não ser usar ferramentas poderosas, vegetar em frente à televisão, gritar pedindo mais uma cerveja, arrotar mais alto do que outro imbecil e reclamar que a mulher não faz sexo suficiente com eles. O declínio da imagem masculina na televisão e nos filmes tem criado uma subcorrente de desrespeito e de discórdia em muitos lares. Pior do que isso, em algumas famílias, os membros nutrem verdadeira animosidade uns contra os outros. Alguns cônjuges ficam até desesperados para apressar a parte do "até que a morte nos separe" do casamento. Em 2003, das vítimas de assassinato que conheciam o assassino (como membro da família ou outra forma de relacionamento, como relações de trabalho), nos Estados Unidos, 21% foram mortos pelo próprio cônjuge ou companheiro íntimo. Dessas vítimas, 79% foram mulheres; os outros 21%, homens.[4] Embora as circunstâncias envolvendo cada assassinato familiar desse país variem de caso para caso, com certeza existe um sentimento avassalador de desilusão, raiva, ressentimento e amargura para causar tanta raiva e violência. O homem e a masculinidade estão sob ataque, mesmo nos lares cristãos.

O que os maridos têm a dizer

Quando perguntei aos maridos sobre exemplos do que acontece por trás de portas fechadas que leva o coração dos homens a esfriar em relação à esposa, muitos aproveitaram a chance para desabafar sua tristeza. Aqui estão algumas respostas:

- "Se minha esposa fizesse um boletim mensal para mim, todos os meses eu tiraria nota baixa. Não importa o que eu faça, nunca é bom o bastante para ela. Eu me esforço 99% do tempo para realizar tudo que ela me pede. Do contrário, sei que aquela noite será um inferno. Mas, outras vezes, eu simplesmente penso: 'Para que me importar? Ela não vai dar valor mesmo!'. "
- "Aparentemente, minha esposa é uma pessoa maravilhosa, vista pelos outros como boa esposa e mãe. Mas se você fosse uma mosca numa parede de nossa casa, perceberia que ela é uma pessoa completamente diferente com a família. O tom afiado e a atitude desrespeitosa que ela usa fariam seu queixo cair. Todavia, o que esperam de mim é que eu mantenha uma postura forte e encare tudo isso como um homem."
- "Minha esposa diz com frequência que entende que os homens têm necessidades sexuais, mas ela raramente está disponível! O máximo que eu ganho, na maior parte do tempo, é uma conversa compassiva e um carinho no joelho, acompanhado de uma desculpa. Ela sempre está cansada demais, distraída demais ou ocupada demais para ir para a cama num horário razoável."
- "Eu me sinto ferido quando minha esposa me acusa de não ter interesse por ela nem por nossos filhos, quando eu preciso de alguns minutos de descanso depois de chegar em casa do trabalho. Depois de ser acusado de preguiçoso, além de pai e marido relapso, a última coisa que desejo é me conectar com minha esposa. O restante da noite é daí para pior, a partir de então."

Está claro que nenhum desses homens se sente como um herói para a esposa. Duvido que qualquer dessas mulheres deseje que o esposo se sinta dessa maneira. Porém, com muita frequência, nós, esposas, parecemos presumir que o coração do marido é feito de aço. Talvez a aliança que usamos no dedo nos dê a impressão de que eles estarão sempre ao nosso lado, não importando como os tratemos.

Não sei quanto a você, mas eu não quero um marido que esteja fisicamente vivo, mas emocionalmente morto para mim. Desejo que Greg se sinta empolgado em relação a nosso relacionamento e espere ansioso pelo momento de voltar para casa todos os dias. Não quero que ele faça as coisas sem emoção, cumprindo automaticamente seu papel só para se ver livre de minha presença. Desejo que o coração dele permaneça afável e caloroso em relação a mim. Entretanto, passei a entender que não é possível ter essas coisas se eu não lhe dou o devido valor e o trato com desrespeito, o que fiz diversas vezes no passado.

Talvez você esteja pensando que seu marido nunca vai cair na categoria de "desespero". Pode ser que você nunca o tenha ouvido dizer algo remotamente semelhante a esses comentários. No entanto, não presuma que o fato de seu esposo não expressar insatisfação significa que ele está feliz. Os homens não falam abertamente sobre seus sentimentos como as mulheres. A maior parte deles não diz uma palavra e armazena a dor profunda no coração. Isso não é uma falha de caráter. É apenas a maneira de ser dos homens. Eles permitem que as emoções os levem a agir em direção a "resolver" as coisas. Mas, se suspeitam que um problema não pode ser consertado ou não fazem ideia de como resolvê-lo, com frequência enterram sua frustração. Contudo, toda vez que uma pessoa enterra uma emoção, esta cria raízes no solo do coração e muitas vezes cresce, transformando-se em emoções diferentes e mais intensas. A maior parte dos homens que respondeu à nossa pesquisa admitiu que sua frustração havia se transformado em medo ou ódio da esposa, duas emoções que nenhuma mulher deseja.

Você pode, quem sabe, estar se perguntando o que aconteceria se esses maridos contassem à esposa como se sentem. Na maioria, eles afirmaram que já tentaram comunicar seus sentimentos, mas que foram repelidos por comentários defensivos. Declararam que estão cansados de tentar convencer a esposa de que possuem reclamações legítimas e que, se insistirem na necessidade de mudança, serão acusados de tirania pela mulher. Outros homens disseram que têm medo de piorar ainda mais os problemas e que isso os impede de discutir tais questões com a esposa.

Qual é sua responsabilidade?

Se você não está feliz no casamento, não cometa o erro de colocar sobre seu marido toda a responsabilidade de mudar o rumo do relacionamento. A obrigação *não* é só dele. Os problemas normalmente resultam das ações e atitudes de *ambos* os cônjuges.

É verdade que, quando um problema se torna evidente, a esposa é, em geral, a primeira a sugerir aconselhamento. Mas com que expectativas ela arrasta o marido pela porta do escritório do terapeuta? Muitas vezes, sua meta é que *ele* mude para que *ela* consiga ser feliz. Reflita sobre esse outro trecho de *The Proper Care and Feeding of Husbands*:

> [Um marido e uma esposa infelizes] vão ver um terapeuta, mas, infelizmente, grande parte dos profissionais da psicoterapia é formada por pessoas com a seguinte crença implícita: os valores tradicionais estão ultrapassados, os homens são ruins e as mulheres são oprimidas. A cura consiste ou em feminizar o marido ou em sugerir o divórcio. Ken, um ouvinte, confirmou essa posição quando escreveu:
>
> "Na minha experiência pessoal, em praticamente todos os caminhos que tentamos (por exemplo, livros e fitas de autoajuda, aconselhamento individual etc.), ficou claro que a sociedade atual insiste em dizer que é RESPONSABILIDADE TOTAL DO HOMEM aprender a entender e se comunicar num nível que a mulher possa compreender e digerir. Parece que as melhoras positivas num relacionamento SOMENTE podem acontecer se o marido estiver disposto a alterar sua natureza, refinar seu lado 'feminino' e aprender a pensar, responder e 'perceber emocionalmente' da mesma forma que a esposa.
>
> "Se o homem tem quaisquer desejos ou percepções diferentes, isso acontece por causa de sua natureza egoísta, obtusa e violenta. E depende dele se livrar de tudo que possa ser categorizado como 'masculino' para a existência de paz na casa".[5]

É verdade que muitas mulheres não são felizes. É igualmente verdade que muitos homens estão infelizes. Vivemos em tempos desesperados, e talvez esse desespero seja um indicativo de que é hora de nós, mulheres, tomarmos medidas desesperadas e nos perguntarmos: "Será que estou contribuindo para o descrédito da imagem masculina pela maneira de tratar meu marido?". O amor precisa de duas pessoas para dar certo e, por mais que queiramos jogar pedras em nosso companheiro desajeitado, todas precisamos parar e nos indagar: "Qual é o papel que eu estou desempenhando na dança do descontentamento em meu casamento?".

A questão crucial é a seguinte: *Mesmo se você acredita firmemente que 95% dos problemas em seu casamento acontecem por culpa de seu marido, você está disposta a se concentrar nos 5% sobre os quais pode ter controle?*

Se assim for, as chances de você vivenciar a alegria e a paixão que sempre sonhou para seu casamento são muito grandes. Além disso, você pode crescer e se tornar a maior fonte de realização das necessidades mais profundas de seu marido.

Colocando os princípios em prática

Escrever um livro cujo subtítulo é *Como acender a paixão e a alegria que vocês dois desejam* gera grande quantidade de pressão interna. Com certeza houve momentos, desde que enviei essa ideia ao meu editor, nos quais fiquei me perguntando se daria conta de escrever um livro como esse. Embora Greg e eu tenhamos passado por momentos em que sentimos intimidade emocional e paixão sexual incríveis, também passamos por fases em que nosso coração estava frio um com o outro. O dia em que ganhei o maior estímulo de confiança foi justamente quando Greg e eu estávamos indo viajar para uma pousada, onde começaríamos a trabalhar juntos no manuscrito. Fui imensamente testada. Greg explicará que teste foi esse:

> Shannon e eu tínhamos agendado uma viagem para escrever juntos há várias semanas e ambos estávamos aguardando ansiosos que o dia chegasse. Entretanto, eu tinha uma reunião de diretoria importante marcada para a semana seguinte e precisava terminar vários relatórios financeiros e enviá-los por *e-mail* aos membros da diretoria naquela sexta-feira à tarde antes de viajarmos. Eu estava me sentindo incrivelmente estressado.
>
> Meu plano era concluir aqueles relatórios e chegar em casa por volta das quinze horas, para que pudéssemos levar as crianças para a casa dos pais de Shannon antes de irmos para a pousada. Contudo, por volta das catorze horas

> percebi que meu plano não daria certo. Fiz a única coisa que sabia fazer. Liguei para Shannon (tremendo de medo) e perguntei se ela estava disposta a levar as crianças para a casa dos avós sozinha, voltar e me pegar às dezessete horas, para que eu tivesse duas horas extras antes de sair do escritório.

Quando Greg me pediu para levar as crianças sozinha e voltar para pegá-lo mais tarde, odiei a ideia. Tinha imaginado que conversaríamos e teríamos ideias juntos no carro depois de deixar as crianças e detestava o pensamento de ter de dirigir todo aquele caminho sem companhia enquanto ele ainda estava no escritório. Por outro lado, sabia que ele de forma alguma teria feito esse pedido se não fosse extremamente importante. Senti que a escolha seria minha. Eu poderia começar aquele fim de semana especial com um tom azedo se respondesse da maneira que fizera no passado. ("Nós estamos planejando isso há semanas, Greg! Será que você não consegue organizar melhor seu tempo? Por que o trabalho não pode esperar? Por que as coisas do escritório sempre vêm em primeiro lugar? E eu? Será que você não pode me colocar em primeiro lugar nem mesmo uma vez na vida?") Ou eu poderia iniciar aquele final de semana colocando as necessidades dele em primeiro lugar e criar o clima para uma maravilhosa experiência de intimidade. Felizmente, fui capaz de escolher a segunda opção.

Sugeri:

— Por que não fazemos um acordo diferente? Prefiro não levar as crianças para a casa de meus pais sem você, porque estou cheia de expectativas quanto ao nosso tempo juntos no carro. Então, posso ligar para a pousada e avisar que chegaremos mais tarde do que o previsto e espero você terminar o trabalho para podermos ir para Greenville juntos.

Aliviado, Greg respondeu:

— Prometo que não vou passar das 16h30!

— Fique até as dezessete horas, se precisar — eu disse, esperando que ele percebesse a paciência deliberada que estava demonstrando naquele momento.

Quando Greg chegou em casa às 16h58, estava aliviado por ter terminado seu projeto e feliz porque eu não me havia chateado. Mas o melhor foi o clima que se estabeleceu para nosso fim de semana juntos, assim como para a semana que se seguiu. Greg declara:

Eu não conseguia acreditar em como Shannon estava sendo flexível e nem mesmo parecia incomodada por fazê-lo. A decisão dela de ser tão amável fez que eu me sentisse respeitado e afirmado. Ela sempre foi uma mulher atraente para mim, mas, naquele final de semana, fiquei encantado ao ver como ela estava bonita. Provavelmente a aparência de Shannon era a mesma de todos os dias, mas eu passei a vê-la com um olhar renovado. Sentia que ela me amava de verdade, e isso facilitou minha resposta em amá-la de volta.

Quando voltamos para casa, Shannon sabia que eu estava sob a pressão de me preparar para a reunião da diretoria. Acabei trabalhando das oito da manhã até a meia-noite por três dias consecutivos. Isso era algo que eu nunca havia feito antes. Já era estressante o suficiente ter de trabalhar tantas horas por dia. Eu não precisava do estresse de sentir como se estivesse na casinha do cachorro dentro do meu próprio lar por precisar trabalhar até tão tarde. Mas a simpatia de Shannon e seu comprometimento com nossa união continuaram ao longo daquela semana. Ela nunca me pressionou para voltar logo para casa. Apenas deixava uma luz acesa para mim e me ligava algumas vezes ao longo do dia para dizer que estava pensando em mim. Ela me surpreendeu levando o jantar para o escritório numa das noites e fez compras suficientes para vários dias. Quando a reunião da diretoria terminou naquela semana, eu mal podia esperar para chegar em casa.

Embora eu não desejasse que Greg ficasse no trabalho tantas horas, precisava entender que o cargo dele na empresa implicava um grande peso de responsabilidade. Isso requer, algumas vezes por ano, um enorme investimento de tempo e energia. Sei que ele preferiria estar em casa conosco, se pudesse, e manter esse pensamento fresco na mente torna muito mais fácil para mim ter uma atitude empática durante essas situações estressantes de trabalho.

Compartilho essa ilustração com vocês não para enaltecer minhas qualidades, mas para pintar uma imagem vívida de como é, para uma esposa, tomar medidas desesperadas em momentos desesperados — de forma construtiva, afirmando, em vez de assumir uma postura destrutiva. Todos os casamentos passam por momentos de desespero. Isso é parte natural do jogo. Somos nós que escolhemos como agir nesses momentos desesperados, e isso pode fazer toda a diferença do mundo para nosso marido e para a alegria e paixão que vivenciaremos no relacionamento.

Cenas dos próximos capítulos

Na próxima parte do livro, ficaremos olhando do lado de fora para a grande cena do que é um casamento, incluindo o potencial que possuímos para ministrar ao cônjuge de uma forma que ninguém mais consegue. Em seguida, na Parte 3, examinaremos algumas das coisas mais comuns que fazemos, na maioria das vezes de forma subconsciente, as quais levam o coração do marido a esfriar em relação a nós. Na Parte 4, nos concentraremos em como entender e satisfazer as necessidades emocionais mais básicas do cônjuge. Finalmente, discutiremos como você pode jogar combustível na chama da paixão que seu marido sente por você. Quando essa paixão estiver queimando com mais fulgor e você o estiver inspirando a um engajamento mútuo num nível de intimidade, vocês dois experimentarão a alegria e a melhor realização que é possível desejar em um casamento.

Lembre-se, você não é a única que deseja ter um casamento cada vez mais forte, feliz e satisfatório. Deus também deseja que você e seu esposo tenham um relacionamento que não apenas sobreviva, mas que *prospere*!

PARTE 2

Contemplando todo o cenário

3 Em chamas ou apenas aquecendo?

RECENTEMENTE, FIZ UMA VIAGEM de carro com uma amiga (que chamarei de Andrea) que havia se apaixonado perdidamente apenas duas semanas antes por um rapaz solteiro chamado James. Andrea me falou com todos os detalhes, durante as quatro horas da viagem, sobre quanto James era incrível — lindo de tirar o fôlego, espiritual e inteligente. Enquanto passávamos pela seção de cosméticos da loja de departamento Dillard's, Andrea parou para pegar um cartão com a amostra de Polo, a colônia favorita de James, para que pudesse se lembrar sempre do cheiro dele. Ela não conseguia parar de falar sobre a nova paixão, enquanto eu já tinha acabado de contar tudo o que podia a respeito de Greg antes mesmo de cruzarmos os limites do município.

James parecia atencioso, o homem ideal. Andrea falava com grande entusiasmo sobre o número de vezes que ele telefonava todos os dias só para saber como ela estava, sobre como ele dizia as coisas mais lindas para ela e acerca de como ele a assegurava de que ele (e o relacionamento dos dois) era realmente sério. Quando Greg ligava para meu celular, era para saber onde cada filho deveria ir naquele dia ou para perguntar o que ele podia fazer para o jantar. Ele dizia "Eu te amo" antes de desligar, mas isso não era algo mágico. Não inspirava mudanças em meu tom de voz. Nada de palma da mão suada, nem de frio na barriga. Apenas uma conversa rotineira. Nosso relacionamento nem sempre fora daquela maneira. Houve um tempo em que eu dava piruetas de costas todas as vezes que ele telefonava!

Depois que desliguei, tive o seguinte pensamento: "Controle seu coração, Shannon!". Eu precisava ter cuidado para não ficar com inveja da intensidade do novo relacionamento de Andrea. Não podia comparar meu casamento de quinze anos com um relacionamento de quinze dias. Talvez Greg e eu não tivéssemos mais a chama da intensidade, mas possuíamos algo muito mais brilhante: as brasas iluminadas da intimidade. Talvez uma analogia ajude a explicar o que quero dizer.

Quando Greg e eu nos mudamos vários anos atrás da selva de pedra de Dallas para as florestas de pinheiros do leste do Texas, descobrimos uma nova e simples forma de prazer: nos assentarmos em volta de uma fogueira. Greg entalhou um lugar perfeito para uma fogueira ao pé de uma colina, apenas a alguns metros de nossa casa de madeira. Usando troncos retangulares, ele construiu um muro de retenção e criou vários assentos para a família e amigos. Por mais que seja divertido começar o fogo, tostar salsichas e *marshmallows*, contar histórias em volta da fogueira, cantar e desfrutar da companhia das pessoas, meu momento preferido é quando todas as atividades se encerram e todos já foram embora, com exceção de Greg e eu. É nesse momento que tenho condições de refletir sobre quanto nosso casamento e aquela fogueira têm em comum — é somente depois que as chamas enfurecidas se esvaem que as brasas iluminadas queimam com o brilho mais intenso e produzem a maior quantidade de calor.

O que aconteceu com a chama de nossa paixão?

Quando Greg e eu nos conhecemos, começamos a namorar e iniciamos a vida de casados, nunca poderíamos imaginar ter o desejo de estar com qualquer pessoa diferente. Ele fazia que eu me sentisse especial, querida e desejada. A chama de nossa paixão um pelo outro brilhava com intensidade cada vez maior. Entretanto, sete anos e dois filhos depois, eu não me sentia mais especial. Nossa vida a dois parecia ter perdido sua fagulha mágica. Sem entender o que, na verdade, estava acontecendo, pensei que nossa paixão estivesse morrendo. Eu não sabia disso naquela época, mas o fato é que existe uma explicação biológica para esse fenômeno comum dentro dos casamentos:

> O auge do amor apaixonado não dura para sempre. O corpo constrói um sistema de resistência aos elementos químicos naturais do cérebro associados com o sentimento de paixão. É necessário cada vez mais para alcançar o mesmo nível de euforia. Algumas pessoas interpretam o declínio correspondente de energia sexual como sinônimo do fim do amor. E, de fato, para alguns, essa sensação

> marca o fim do relacionamento. No entanto, em vez de significar o fim do amor, essa pode ser a transição para o amor companheiro, mais duradouro.
>
> Parece que o cérebro não é capaz de tolerar o estado de ebulição permanente do amor apaixonado. À medida que a novidade da paixão se esvai, o cérebro produz novos elementos químicos, as endorfinas, substâncias naturais semelhantes à morfina, as quais acalmam a mente. O estado de excitação pode diminuir, mas a segurança do amor companheiro é capaz de fornecer um tipo de prazer diferente, e não necessariamente inferior.[1]

Como eu havia tentado permanecer naquele "estado de ebulição permanente do amor apaixonado" com meu marido, tinha falhado em reconhecer os prazeres de nosso "amor companheiro", que lentamente se desenvolvia. Em lugar de dar início ao trabalho árduo de revolver as brasas de nosso relacionamento, para renovar o sentimento de empolgação, quase joguei poeira o bastante em cima do fogo para extingui-lo de uma vez por todas. Como eu ansiava pela alegria eufórica e intensidade características de um relacionamento novo, percebia que estava gravitando ao redor de novos homens — homens que me faziam sentir especial, querida e desejada de novo, por causa da atenção que me dispensavam.

Em quase todos os lugares onde eu ia, encontrava um homem que parecia criar em mim a fagulha de empolgação que Greg não parecia mais ser capaz de acender. Meu professor de aeróbica me fez sentir *sexy* de novo, ao elogiar minha aparência à medida que eu perdia os quilos extras da gravidez. Depois de anos ficando em casa e assistindo a reprises demais de Muppet Babies e Barney, meu professor universitário me fez lembrar de minha inteligência quando elogiou meus trabalhos acadêmicos e participações em sala de aula. Um amigo da igreja me fez sentir como uma confidente especial, quando ligava para minha casa com frequência durante o dia para reclamar sobre seu casamento e comentar sobre como desejava que sua esposa fosse mais parecida comigo. Eu estava recebendo várias injeções no ego, mas todas elas provinham de relacionamentos superficiais — de homens que só me conheciam a distância. Greg, por sua vez, me via bem de perto. Ele sabia quem eu era *de verdade*.

Felizmente, procurei aconselhamento antes que esses envolvimentos emocionais se transformassem em casos sexuais. O terapeuta me ajudou a chegar a uma compreensão mais adequada a meu respeito e a entender as origens do descontentamento que eu sentia.

Intensidade não significa intimidade genuína

Passei por lutas durante aqueles anos de casamento porque, como várias outras mulheres, falhara em compreender a diferença entre *intensidade* e *intimidade*. *Intensidade* é um sentimento de extrema excitação ou euforia. É uma consequência natural de um relacionamento novinho em folha. Muitas vezes, a intensidade se disfarça de intimidade. Quando estamos começando a descobrir coisas novas sobre uma pessoa, por vezes pensamos que isso significa a vivência da intimidade. Porém, descobrir coisas novas sobre um estranho não é íntimo — é simplesmente novo. Pode ser empolgante. Pode ser intenso. Mas, na maioria das vezes, é superficial e temporário. Na melhor das hipóteses, é incompleto. Em geral, eu só conheci desses homens o que eles queriam que eu conhecesse. Esses relacionamentos tinham a *aparência* de íntimos, mas essa intimidade que eu sentia era falsa.

A intimidade genuína só poderia ser encontrada em casa, onde Greg e eu tínhamos a oportunidade de ver não somente o lado positivo, mas também o lado mau e feio um do outro. Intimidade é o mesmo que "ver dentro de mim". É a habilidade de ver o coração, a mente e o espírito de outra pessoa. E isso é impossível até que você já a conheça por um longo período. É algo que só acontece quando a intensidade já se desgastou e você fica sabendo de coisas que as pessoas, na maioria, não teriam condições de saber, a não ser vivendo juntas.

Por exemplo, eu nunca entendera completamente por que os relacionamentos e as questões emocionais e sexuais sempre foram uma luta tão grande para mim. Até Greg entrar em minha vida, nenhum outro homem havia dedicado tempo suficiente para me conhecer de verdade, para me entender e reconhecer a causa da origem de minha tendência de procurar por amor em todos os lugares errados. A maior parte dos homens apenas corria na direção contrária ou se aproveitava da minha vulnerabilidade, mas não Greg. Ele não é um cara do tipo "ame-a e deixe-a". Greg era — e é — comprometido com nosso casamento a longo prazo. Por isso, mesmo se sentindo profundamente machucado quando soube de minha infidelidade emocional, ele ficou determinado a me ajudar a superar esse padrão de comportamento disfuncional. Embora muitos homens tivessem se sentido ofendidos ao ter esse tipo de informação, Greg percebeu que, na medida em que eu estava conversando com ele sobre o assunto e não escondendo o problema, havia esperança para nós. Em vez de correr, ele desejava me ajudar a ver além de minhas fraquezas para vislumbrar minhas necessidades genuínas, para ter essas necessidades satisfeitas de forma saudável e me tornar a mulher que Deus me criara para ser.

Quando Greg olhou dentro de meu coração, o que ele viu que ninguém mais era capaz de perceber? Ele viu uma garotinha machucada, que não conseguia entender quem ela era em Cristo, nem que Jesus desejava ser o amante de sua alma. Ele também viu uma mulher que não era capaz de compreender o significado do chamado elevado e santo do casamento e da maternidade. Pouco antes desse momento em nossa vida, eu havia deixado uma carreira em ascensão numa empresa onde recebia uma série de elogios regularmente. Por isso, ficar em casa com duas crianças estava sendo uma difícil fase de adaptação. Ninguém me aplaudia quando eu limpava a cadeirinha, tirando os restos de comida. Ninguém demonstrava alegria enquanto eu levava as crianças para as aulas de balé ou a parquinhos. Greg reconhecia que eu estava procurando em relacionamentos externos o sentimento de afirmação que possuía antes e também uma solução para a monotonia de ser dona de casa e mãe em tempo integral.

Ele também compreendia que eu usava esses relacionamentos como uma forma de remédio para diminuir a dor de ter um pai que nunca demonstrara muito interesse em passar tempo comigo. Greg se deu conta de que minha imensa necessidade de atenção e afeição não estava tão ligada ao *nosso* relacionamento, mas sim à minha relação complicada com meu pai. Meu pai e eu tivemos um relacionamento problemático enquanto eu crescia. Os homens pelos quais eu me sentia atraída eram, na maioria, mais velhos do que eu e tinham algum tipo de autoridade sobre mim. Isso mostrou a Greg que eu precisava desesperadamente de uma figura paterna. Ele sabia que não deveria tentar desempenhar esse papel. Por isso, orou ao Pai celestial para me ajudar a curar o vazio que eu sentia no coração. Deus demonstrou sua fidelidade durante aquele período. Além de restaurar meu relacionamento com meu pai terreno, ele também restaurou minha autoestima e minha capacidade de permanecer fiel a Greg.

Como Greg não fugiu quando fui honesta com ele a respeito de minhas lutas pessoais, fui capaz de reconhecer o homem confiável com quem me havia casado e me senti segura em um relacionamento pela primeira vez na vida. Aprendi a apreciar sua paciência, sabedoria e maturidade espiritual por não se culpar devido à minha infidelidade emocional. Por causa de sua ajuda, tive condições de estabelecer meus fundamentos sobre bases mais firmes.

Descobrir o nível profundo de comprometimento que Greg tinha em relação a mim foi muito mais satisfatório do que qualquer momento "intenso" que já vivenciei com ele ou com qualquer outro homem. Tenho o amor incondicional de meu marido — a despeito de minhas falhas. É isso que intimidade genuína significa. E esse tipo de intimidade é muito melhor do que o frio na barriga, palmas da mão suadas, fogos de artifício ou qualquer outra demonstração de intensidade.

Ironicamente, quando a intensidade (ou empolgação) atinge seu mais alto grau, a intimidade, na maior parte das vezes, está em seu grau mais baixo. O contrário também é verdadeiro: quando a intimidade está no máximo, a intensidade pode parecer baixíssima. Menos de um mês depois da viagem com minha amiga Andrea, ela me informou de que havia terminado com James. Embora fosse bom de papo, era raro ele dedicar tempo para encontrá-la pessoalmente. Ele sempre tinha uma desculpa para não vê-la, mesmo à noite ou nos finais de semana. As ações de James começaram a falar mais alto do que suas palavras, e Andrea se sentiu rejeitada como nunca, além do que podia suportar. Ela lhe disse que eles não poderiam continuar interagindo como um casal. Embora esse relacionamento de seis semanas tenha sido intenso, nunca se tornou emocionalmente íntimo. Andrea percebeu então que nunca experimentaria a alegria de se sentir verdadeiramente segura num relacionamento com alguém como James. Por outro lado, Greg continua a meu lado, tão comprometido como sempre.

A moral da história é: tome cuidado para não confundir *intensidade* com *intimidade*. A intensidade vai embora à medida que a novidade se desgasta e a familiaridade se instala. A intimidade, porém, pode continuar a florescer quanto mais você conhece a outra pessoa e quanto mais familiares vocês se tornam um com o outro.

A intimidade demanda esforço

Obviamente, a intimidade não acontece de forma automática, de uma hora para outra. Ela demanda grande investimento de tempo e de esforço. Nossos relacionamentos só crescem e florescem quando os nutrimos, os alimentamos e cuidamos deles de forma intencional, com diligência. Greg e eu alcançamos esse grau de intimidade somente como resultado de diversas sessões de aconselhamento, após muitas horas dedicadas à conversa honesta e dolorosa e à oração de rasgar a alma. Sempre penso que nosso relacionamento íntimo exigiu muito sangue, suor e lágrimas — o sangue de Jesus, o suor de Greg e as minhas lágrimas. Mas a beleza perfumada do que nós três criamos durante aqueles anos de tumulto fez valer a pena cada fragmento de esforço.

Enquanto escrevo este capítulo, veio-me à mente que os casamentos são muito parecidos com minha experiência em plantar pés de morango. Vários anos atrás, tive a ideia de cultivar morangos. Lembrei-me de quão divertido, era, quando garotinha, ir até o canteiro de morangos de minha mãe (que estava plantado dentro do pneu de um trator em nosso jardim) e colher os frutos maiores e mais maduros para comermos de sobremesa após o jantar. Inicialmente, comecei aquele empreendimento com toda a empolgação. Uma amiga me ofereceu as mudas de pés de morango de que eu precisava do seu jardim. Fui até a casa dela e passei horas tirando-as da terra. Até mesmo consegui um pneu de trator e o enchi de terra, para que meus pezinhos ficassem iguais aos de minha mãe. Transplantei as delicadas plantas e comecei a aguá-las diariamente — durante cerca de quatro dias. Depois, eu me esqueci dos morangos e os negligenciei por algumas semanas. Ervas daninhas, insetos e desidratação mataram todos os pés naquele curto período. Eu queria os frutos, mas não o suficiente para cuidar das plantas de maneira adequada. Estava *apaixonada*, mas não *comprometida*.

Uma dinâmica similar destrói os casamentos quase tão rapidamente quanto meus pés de morango chegaram ao fim. Diversos casamentos se iniciam de forma apaixonada, com metas elevadas, intenções honráveis e grandes expectativas. No entanto, se o casal não estiver comprometido com o cuidado e a manutenção rotineira de seu relacionamento, o amor começará a se apagar até morrer lentamente. Mas as coisas não precisam acontecer dessa maneira. A paixão inicial do relacionamento pode se desgastar e, ainda assim, o compromisso permanecer tão forte como nunca. Isso acontece quando o amor apaixonado evolui e amadurece, transformando-se no amor comprometido. A viabilidade a longo prazo de um casamento depende da transição bem-sucedida de um casal do amor apaixonado para o amor companheiro, comprometido.

Como é triste ver que tantos casais nunca aprendam a fazer essa transição! Logo que a chama da intensidade se apaga, eles fazem o que eu quase fiz: jogam poeira no fogo e seguem com a vida, procurando uma nova fagulha com outra pessoa. Mas, como você está lendo neste livro, minha esperança é de que seu casamento não venha a contribuir para uma porcentagem de divórcios ainda maior. Você será uma mulher sábia, que anseia por níveis mais profundos de intimidade genuína em seu relacionamento, em vez de sair em busca de intensidade em algo novo, porém superficial. O amor que você sentirá por seu marido não estará baseado em sensação de frio na barriga ou fogos de artifício, mas na familiaridade, honestidade, confiança, segurança e comprometimento.

4 Um dom maior do que o esperado

UMA ESTUDANTE DO ENSINO MÉDIO estava me ajudando a decorar a recepção de meu casamento e me lançou uma pergunta que eu definitivamente não estava esperando: "Numa cerimônia de casamento, por que o noivo e a noiva dizem 'até que a morte nos separe'? Por que, em lugar disso, eles não dizem apenas 'até que deixemos de nos amar'? Assim, eles estariam livres para seguir com a vida se estivessem infelizes", questionou Elizabeth.

A princípio, pensei que ela estivesse brincando, mas a expressão em seu rosto demonstrava o contrário. Fiquei surpresa tanto pela pergunta quanto pela coragem que ela teve de fazê-la. Eu não me lembro das palavras que usei para responder, mas foi algo acerca do desejo de toda garota de ter mais do que uma aliança, uma cerimônia de casamento ou sexo, mas um compromisso que dure a vida inteira.

No entanto, quando as coisas ficam difíceis, muitos casais se perguntam: "Por que Deus nos pede para permanecermos juntos até que a morte nos separe? Por que ele não nos dá a liberdade de ir adiante com a vida quando o relacionamento não traz mais alegria?". Esses casais acreditam erroneamente que o objetivo maior do casamento é a felicidade, mas isso não é verdade.

O propósito maior do casamento

Deus pretendia que o relacionamento conjugal refletisse o relacionamento que ele tem conosco — um relacionamento que permanece constante porque não é baseado em sentimentos instáveis, nem na dignidade humana, mas num comprometimento incessante. Encontramos a prova desse plano em Efésios 5:31-32, em que Paulo reflete sobre como Deus criou o casamento:

"Por essa razão, o homem deixará pai e mãe e se unirá à sua mulher, e os dois se tornarão uma só carne. Este é um mistério profundo; refiro-me, porém, a Cristo e à igreja".

Observe que a Bíblia não diz: "O homem deixará pai e mãe e se unirá à sua mulher, e os dois *viverão felizes para sempre*". Paulo não menciona uma palavra acerca de felicidade. Ele diz que nosso relacionamento ilustra o compromisso que Cristo tem com a igreja, e o objetivo de Cristo era muito mais tornar a igreja *santa* do que torná-la *feliz*. Reflita nas palavras de Paulo ditas aos efésios logo antes da passagem anterior:

> Maridos, ame cada um a sua mulher, assim como Cristo amou a igreja e entregou-se por ela *para santificá-la, tendo-a purificado* pelo lavar da água mediante a palavra, e para apresentá-la a si mesmo como igreja gloriosa, sem mancha nem ruga ou coisa semelhante, mas santa e inculpável.
>
> Efésios 5:25-27, grifo do autor.

Você captou isso? Cristo deu sua vida pela igreja para santificá-la e torná-la pura. Embora a felicidade seja um grande dom, a santidade é um dom muito maior. Se aprendermos a ser semelhantes a Cristo aqui na terra, teremos como resultado recompensas eternas bem maiores no céu.

O casamento nos presenteia com a oportunidade de sermos santificados, de nos tornarmos mais semelhantes a Jesus. Como? De duas maneiras. A primeira é por meio do que meu pastor chama de sessões de santificação — aquelas conversas ou eventos no casamento que evidenciam nossas falhas de caráter e nos convidam a mudar para melhor. A segunda é aprendendo a oferecer ao cônjuge o amor e a aceitação incondicionais que Cristo nos oferece, a despeito de nossas imperfeições. Esse exercício de receber e dar misericórdia é um elemento vital no casamento. É algo que pode fortalecer nossos músculos espirituais de forma extraordinária, provendo tônus espiritual além do que seríamos capazes de desenvolver sozinhos.

Vamos examinar mais de perto cada uma dessas duas maneiras.

Desenvolvendo a santidade por meio de sessões de santificação

Todas as manhãs, eu me maquio e arrumo o cabelo em frente ao espelho acima da pia do banheiro. Se eu quiser uma imagem mais completa de minha aparência dos pés à cabeça, preciso me olhar no espelho maior que fica em nosso quarto. Para obter um reflexo verdadeiro de minha aparência espiritual, preciso de outro tipo de espelho — um espelho humano.

Greg muitas vezes faz o papel de um grande espelho humano em minha vida, apontando embaraçosos "espinafres espirituais entre meus dentes", como impaciência, orgulho, ganância e egoísmo — coisas que eu nem sempre observo em mim mesma, até reconhecer que *ele* as vê. Quando meu marido chama gentilmente minha atenção para esses assuntos, nosso casamento se assemelha a um fogo refinador. Nossas dificuldades criam um calor espiritual incrível e trazem à tona minhas impurezas, colocando-as a olho nu. Quando isso acontece, posso ser teimosa e me recusar a trabalhar esses problemas, fingindo que eles não existem, ou posso pedir a Deus com humildade que ele me ajude a eliminar as impurezas de minha vida para eu me refinar mais e refletir de forma mais adequada a perfeição de Cristo.

Embora todos nós detestemos reconhecer a parte feia de nossa própria vida, as sessões de santificação demonstram como podemos crescer na esfera espiritual e aprofundar o nível de santidade pessoal. Quando lutamos para adquirir padrões de comportamento mais parecidos com Jesus, dizemos, em essência, a Deus e a nosso cônjuge: "Você merece mais de mim, por isso vou me esforçar para melhorar". Essa atitude honra tanto o cônjuge quanto Deus.

Gary Thomas, autor de *Sacred Marriage* [Casamento santo], concorda que num casamento nossas falhas se tornam visíveis para nós talvez com uma clareza que nunca aconteceu antes, e elas podem, portanto, nos conduzir a um estado de santidade muito maior do que os anteriores. Ele explica:

> Não devemos ingressar no casamento com o desejo predominante de ter nosso vazio existencial preenchido, ficar satisfeitos emocionalmente ou receber demonstrações românticas, mas para nos tornar mais semelhantes a Jesus Cristo. Devemos assumir a realidade de ter nossos defeitos expostos ao cônjuge e, consequentemente, tê-los expostos a nós também. O pecado nunca parece tão chocante quando é conhecido apenas por nós. Quando percebemos como ele é visto ou recebido por outra pessoa, o erro aumenta dez vezes. O celibatário

> pode "esconder" sua frustração simplesmente se abstraindo do problema, mas o homem e mulher casados não possuem tal refúgio completo. É difícil se esconder quando se compartilha a mesma cama [...]
>
> Eu não me surpreenderia se muitos casamentos terminassem em divórcio principalmente porque um ou ambos os cônjuges estão correndo das próprias fraquezas reveladas, na mesma medida em que fogem de algo que não conseguem tolerar no outro.[1]

De fato, muitos casais divorciados correm do primeiro casamento para um segundo ou terceiro apenas para descobrir que as próprias fraquezas continuam a segui-los de relacionamento em relacionamento. Até que lidemos com essas fraquezas e defeitos de caráter, nunca seremos felizes num relacionamento, em primeiro lugar porque nunca estaremos felizes *com nós* mesmos. No entanto, se aprendermos a reconhecer nosso pecado mediante os olhos de nosso cônjuge (e dos olhos de Deus), talvez descubramos o incentivo necessário para buscar mudanças positivas.

Quando reconheço a magnitude de meu pecado (como explosões de temperamento, egoísmo e assim por diante) por meio dos olhos de Greg, ele se torna muito mais real para mim do que em qualquer momento anterior, e eu não gosto do que vejo. Então, luto com mais força para evitar aquele pecado, não apenas para agradar a Deus e evitar a autodestruição, mas também para impedir que Greg volte a me ver naquele estado pecaminoso. Por isso, tento controlar minha língua e não explodir de raiva. Ou, no mínimo, procuro amenizar meu tom de voz para não ofendê-lo com minhas palavras. Tento me concentrar mais em servir às necessidades dele, em vez de fazer esforços para manipulá-lo, levando-o a satisfazer meus desejos. Comunico-lhe respeitosamente as coisas de que preciso, mais com o desejo de que compreendamos um ao outro do que numa atitude de expectativa. Resumindo, tento me concentrar em tratar Greg cada vez mais da maneira que Cristo o trataria se ele vivesse em nossa casa. À medida que me torno mais semelhante a Jesus em minhas ações e atitudes, eu me transformo em uma pessoa mais santa — e mais feliz comigo mesma.

Além de o casamento poder nos ajudar a encarar o pecado face a face e nos inspirar assim a lutar pela santidade pessoal, ele nos concede a oportunidade de sermos mais parecidos com Cristo na maneira de reagirmos aos pecados de nosso cônjuge.

Desenvolvendo a santidade por meio do amor incondicional

Qual é o maior presente que você e seu cônjuge poderiam dar um ao outro? Uma casa maior? Um carro melhor? Um dia dedicado somente aos dois, sem os filhos ou responsabilidades domésticas? A lista de possibilidades provavelmente teria mais de um quilômetro de extensão, mas existe uma coisa que vocês podem oferecer um para o outro que é muito mais preciosa do que qualquer outra. Que presente é esse? O mesmo presente supremo que Deus nos deu por meio de Jesus Cristo: amor e aceitação incondicionais, a despeito de nossa natureza pecaminosa.

Assim como Jesus deu a vida por sua noiva (a igreja), ele pede que entreguemos nossa vida em favor do cônjuge. Ele pede que nós amemos ao marido da mesma maneira que ele nos ama. Conforme 1João 3:16: "Nisto conhecemos o que é o amor: Jesus Cristo deu a sua vida por nós, e devemos dar a nossa vida por nossos irmãos". Ele ensinou a amar incondicionalmente, não apenas "quando eu sinto vontade" ou "se você estiver merecendo". Com base em suas palavras: "Meu Pai, se for possível, afasta de mim este cálice; contudo, não seja como eu quero, mas sim como tu queres" (Mt 26:39), não imagino que Jesus estivesse *sentindo vontade* de morrer por nós naquele dia. Ainda assim, ele escolheu obedecer para que compreendêssemos o compromisso contínuo e eterno de amor que Deus tem por nós.

Amor temporário e condicional simplesmente não faz parte da natureza de Deus. Portanto, compromissos conjugais temporários e aceitação condicional em nossos casamentos terrenos não refletem de forma suficiente aquilo que Deus projetou. À medida que permanecemos comprometidos com o casamento durante toda a nossa vida, recebemos uma prova antecipada de como será o céu, quando desfrutaremos do amor fiel de Deus por nós ao longo da eternidade.

O marido de Cathy a presenteou com o dom generoso do amor incondicional, e a misericórdia dele inspirou-a a dar as costas a relacionamentos adúlteros para buscar um estilo de vida mais santo em favor de seu casamento. Eis o que ela escreveu num *e-mail* sobre a reação do marido ao seu pecado:

> Depois de ter-me envolvido em vários casos, eu sabia que nunca experimentaria intimidade genuína com meu marido até que confessasse tudo a ele. Embora

> soubesse que meu adultério dava a Brad todos os direitos de se divorciar de mim, não conseguia mais levar uma vida dupla. Dois meses depois de meu último caso, estava vencida pela culpa e pela sensação de estar numa situação imperdoável. À medida que dirigíamos pela estrada, eu me lamentava pelo sofrimento trazido por meu pecado. Brad parou o carro e ficou me abraçando durante um longo tempo. Quando voltamos para casa, ele me chamou em nosso banheiro, se oferecendo para realizar uma "cerimônia de purificação", para me ajudar a aliviar a culpa. Acendeu uma vela, encheu a banheira de água morna e despiu meu corpo trêmulo. Depois me ajudou a entrar na banheira, me deu um banho cuidadosamente e derramou água sobre minha cabeça. Com isso, Brad fez que eu me sentisse verdadeiramente limpa e perdoada pela primeira vez. Embora ainda estejamos trabalhando para recuperar a confiança, o amor incondicional de Brad é uma corda salva-vidas que me ajuda a lutar para ser de verdade a pessoa que almejo ser.

Talvez você esteja pensando: "Que ótimo que essa Cathy tenha um relacionamento assim com o marido dela, mas o meu esposo não é, nem de longe, tão compreensivo e perdoador!". Não estou compartilhando esse testemunho para que você inveje a situação de outra pessoa como receptora de tal misericórdia e amor incondicional. Eu a conto para inspirá-la a *oferecer* tal misericórdia e amor incondicional.

Quem sabe o testemunho de Maria acerca de como ela respondeu ao pecado do marido forme em sua mente uma imagem melhor de como essa misericórdia pode ser demonstrada:

> Certa tarde de domingo, meu marido estava cochilando, e estava chegando a hora de voltarmos à igreja para um jantar estilo junta-panelas. Entrei em silêncio em nosso quarto com a intenção de despertá-lo gentilmente, mas levei um susto ao descobrir que ele estava se masturbando enquanto olhava uma revista pornográfica. De repente, algumas coisas começaram a fazer sentido, em especial a falta de interesse dele por sexo durante semanas e o motivo pelo qual ele não correspondia quando eu tentava tomar a iniciativa. Presumi que fosse o estresse do trabalho que estivesse gerando o desinteresse. Percebi pela expressão em seu rosto que ele estava consternado de culpa e remorso. Não

> tínhamos tempo para conversar sobre o assunto naquele momento. Só poderíamos fazê-lo mais tarde, à noite. Mas Deus trabalhou fortemente em meu coração durante aquelas horas. Ele me fez lembrar que Michael era apenas humano, e me senti determinada a dar a ele a mesma misericórdia e perdão que eu desejava obter se fosse pega em pecado. Verbalizei minha mágoa, mas também meu perdão da melhor maneira que podia. Isso fez que Michael se sentisse seguro o bastante para abrir seu coração sobre como aquilo sempre fora uma luta para ele, desde os primeiros anos da adolescência, e sobre como ele verdadeiramente desejava ser fiel a mim, em vez de ficar preso àquele tipo de prática. Ele foi a um *workshop* de *A batalha de todo homem* e continua a ver um terapeuta. Ocasionalmente, eu lhe pergunto como ele está indo em manter a vitória. Michael não se ressente com minhas perguntas, pois sabe que eu as faço com um espírito de apoio. Estou notando progresso não apenas em nosso relacionamento sexual (pelo qual ele voltou a ter interesse), mas também em outros aspectos de nosso casamento. Essa situação tinha o potencial de destruir nosso casamento, mas, em vez disso, acabou trazendo vida de volta ao relacionamento.

Acredito que, devido à reação misericordiosa de Maria, no final das contas a qualidade do casamento dela melhorou, em lugar de piorar. Se ela tivesse despejado condenação, duvido que o marido teria reagido com tanta humildade. A Bíblia nos diz que é a *bondade* de Deus que leva ao arrependimento (Rm 2:4). Como Maria se comportou da mesma forma que Deus teria se comportado, reagindo com bondade, preocupada com o esposo, o coração dele permaneceu receptivo a sua companheira. A resposta dela também criou um coração receptivo em Michael à medida que ele se arrependia e procurava cura. Quem dera todas as lutas conjugais terminassem dessa maneira, com ambos os cônjuges agindo para levar os dois a um nível maior de santidade pessoal e à paz no casamento!

É claro que o pecado a ser perdoado por uma esposa ou marido pode não ser algo tão sério quanto o que discutimos até aqui. Às vezes, são os "pecadinhos" que causam amargura e ressentimento, construindo um muro de separação entre cônjuges, o que impede a busca pela santidade pessoal em um ou ambos os parceiros por causa do coração endurecido. Como esses muros podem ser derrubados e transformados em pontes que servem para nos conectar? Por meio dos blocos construtores da misericórdia e do amor incondicional.

Passo a mostrar dois exemplos de mulheres que implementaram essas estratégias de construção de pontes:

- "Como nós dois trabalhamos fora em tempo integral, meu esposo e eu nos revezamos para pegar as crianças na escola. Houve algumas vezes no ano passado em que ele se esqueceu de que era sua vez e deixou nossos filhos abandonados na porta da escola. Meu instinto de 'mamãe urso' queria rasgá-lo em pedacinhos por ser tão esquecido, mas, antes de irromper em raiva, recordei-me de quantas vezes eu me esquecera de pegar as roupas na lavanderia ou de comprar algo no supermercado. É claro que roupas e compras não são nem de perto tão importantes quanto nossos filhos. Porém, todos nós temos a tendência de esquecer algo ocasionalmente. Meu marido pediu perdão aos filhos, o qual eles concederam prontamente. E eu escolhi fazer o mesmo, em vez de permitir que isso construísse um abismo entre nós."
- "Como tenho formação em contabilidade, concordamos, logo no início de nosso casamento, que ficaria responsável por administrar nossas finanças. No entanto, algumas vezes nossa conta corrente excedeu o limite porque Norm deixou de me informar que havia feito uma operação bancária significativa. Esses erros nos custaram cerca de cem dólares em taxas de juros. Nenhum de nós fica feliz por esse motivo, mas a harmonia em nosso relacionamento vale muito mais para mim do que cem dólares."

Certamente é desencorajador quando nosso cônjuge nos desaponta. Pode ser frustrante quando ele não atinge nossas expectativas. Podemos nos chocar quando descobrimos lados obscuros que não conhecíamos antes. Por outro lado, também é humilhante confessar que temos falhas grandes de caráter, ou que lutamos com nossos próprios problemas pecaminosos, ou ainda que falhamos em atender às expectativas que o cônjuge tem a nosso respeito. Mas, nesses momentos, temos uma escolha a fazer: podemos tornar as coisas *amargas* com ressentimento e condenação ou podemos decidir agir *melhor*, demonstrando aspectos do caráter de Deus por meio de amor incondicional e aceitação.

Escolhendo o caminho mais elevado rumo à santidade

Deus deseja que lutemos para nos tornarmos santos (separados para seus bons propósitos). Por quê? *Porque ele é santo* (cf. 1Pe 1:13-16). Em outras palavras, Deus quer que nos tornemos semelhantes a ele. Quanto mais parecidos com ele ficarmos, mais o glorificaremos e mais outras pessoas serão atraídas a ele, como resultado. Mas não podemos buscar a santidade pessoal sem lutar para reagir às pessoas e situações à maneira de Deus. Não existem atalhos para a santidade. Não podemos agir da maneira que a carne quer e ainda assim esperar que nosso espírito se fortaleça. Precisamos trilhar o caminho mais elevado e nos esforçar para agir mais como Deus e menos como nosso eu pecaminoso, especialmente no que se refere às nossas batalhas conjugais.

Para trilhar o caminho mais elevado rumo à santidade e escolher amar incondicionalmente assim como Deus nos ama, precisamos aprender a distinguir entre a pessoa que amamos e o comportamento que abominamos.

Você provavelmente já ouviu dizer que devemos amar o pecador ao mesmo tempo que odiamos o pecado. Isso pode ser uma verdadeira luta, mas, com certeza, você não é a única que enfrenta essa dificuldade. Diferenciar o pecador do pecado pode ser um grande exercício espiritual até mesmo para as pessoas mais espirituais. C. S. Lewis confessou que ele também lutava para encontrar o modo de amar o pecador ao mesmo tempo que odiava o pecado. De repente, certo dia as coisas se tornaram claras para Lewis:

> Percebi que havia uma pessoa a quem eu estivera fazendo isso ao longo de toda a minha vida, a saber, eu mesmo. Muito embora eu desaprovasse com veemência minha própria covardia, jactância ou orgulho, continuei a me amar. Nunca tive nenhuma dificuldade a esse respeito. Na verdade, o motivo mesmo pelo qual eu odiava tais fraquezas era por amar o homem. Apenas por me amar é que eu me entristecia ao descobrir ser o tipo de pessoa que fazia aquelas coisas.[2]

Lewis expressa sua posição de forma brilhante. Se conseguimos continuar amando a nós mesmos a despeito de nosso pecado, certamente, com a ajuda de Deus, podemos encontrar uma forma de oferecer o mesmo amor incondicional e misericórdia aos outros, em especial ao cônjuge. Ao fazer isso, transformamos nossa casa em um lugar melhor para viver e ao mesmo tempo melhoramos a sociedade como um todo. Afinal de contas, os lares e a sociedade se tornarão mais santos quando as pessoas se dedicarem totalmente à busca pela santidade.

Uma sociedade santa demanda uma instituição santa

Deus designou a instituição do casamento para constituir não apenas um meio para nossa felicidade, mas também a própria base da sociedade. O casamento não é um acordo temporário feito para nossa conveniência ou intenções

Examinando as exceções

Talvez você esteja lendo este livro como um último esforço na tentativa de fazer as coisas funcionarem em seu casamento antes de desistir dele e esteja se perguntando: "Deus permite o divórcio?". Os fariseus dos dias de Jesus fizeram o mesmo questionamento. Em Marcos 10:2-9, eles verbalizaram a pergunta:

> "É permitido ao homem divorciar-se de sua mulher?"
>
> "O que Moisés lhes ordenou?", perguntou ele.
>
> Eles disseram: "Moisés permitiu que o homem lhe desse uma certidão de divórcio e a mandasse embora".
>
> Respondeu Jesus: "Moisés escreveu essa lei por causa da dureza de coração de vocês. Mas no princípio da criação Deus 'os fez homem e mulher'. 'Por esta razão, o homem deixará pai e mãe e se unirá à sua mulher, e os dois se tornarão uma só carne'. Assim, eles já não são dois, mas sim uma só carne. Portanto, o que Deus uniu, ninguém o separe".

Embora o divórcio certamente não seja o desejo de Deus para nenhum de seus filhos, Jesus reconhece que há concessões. Acredito que ele reconheça essas concessões porque não queria ver seus filhos continuarem a se magoar com tamanha profundidade. A maior parte dos teólogos e especialistas em aconselhamento concorda que há três exceções legítimas para o compromisso do casamento: abuso, adultério e vício.

egoístas. É um compromisso para a vida toda, que requer sangue, suor e lágrimas e ultrapassa qualquer problema. Quando nos casamos, comprometemos nossa vida inteira ao cônjuge, "na alegria ou na tristeza, na riqueza ou na pobreza, na saúde ou na doença, para amar e cuidar até que a morte nos separe".

O casamento é um relacionamento sagrado que precisamos valorizar acima de todos os outros e ao qual devemos nos apegar por toda a vida. É nesse relacionamento precioso e sagrado que podemos praticar a santidade, exercitando os músculos espirituais para nos tornarmos mais semelhantes a Cristo.

Porém, antes de usar uma dessas concessões como desculpa para dar início ao processo de divórcio, por favor, reflita no que estou para dizer. Não tenho orgulho de tais coisas, mas sou culpada dessas três falhas: abuso verbal, adultério emocional e vício em relacionamentos. Quando olho para trás em alguns momentos de nosso casamento, percebo que Greg tinha todo o direito de me colocar para fora e bater a porta na minha cara. Mas ele nunca fez isso. Sou uma prova viva de que misericórdia, amor incondicional e comprometimento como o de Cristo ao cônjuge podem verdadeiramente transformar o coração e a vida de uma pessoa, de modo que haja esperança para um relacionamento conjugal harmonioso.

É claro, se você está casada com um homem fisicamente abusivo e teme por sua segurança, precisa sair da situação de risco. Se seu marido não se arrepende de escapadas contínuas que a colocam em risco de contrair uma doença sexualmente transmissível, acreditamos que você não é obrigada por Deus a permanecer nesse casamento. Se seu esposo é viciado em álcool ou drogas e isso o leva a ser uma perigosa ameaça a ele mesmo e aos outros, essa situação pode exigir o "amor firme" para despertá-lo e levá-lo a buscar ajuda.

No entanto, antes de desistir de seu marido, pense, em oração, que você tem o poder de lhe dar um presente que é capaz, quem sabe, de influenciar a transformação na vida dele. Se reagir ao pecado de seu esposo com misericórdia e amor incondicional (e, ao mesmo tempo, lidar com suas falhas), acredito que você tem todas as chances de vivenciar o mesmo milagre conjugal que Greg e eu, assim como muitos outros, experimentamos.

5 O ministério do casamento

Alguns anos atrás, em nosso casamento, eu tinha orgulho de acumular várias funções na igreja. Era pastora de jovens, líder do acampamento de verão da mocidade e responsável pela programação, dirigia um estudo bíblico semanal para meninas adolescentes, era oradora em retiros educacionais sobre a abstinência sexual até o casamento e fazia parte de vários ministérios de nossa igreja.

Embora Greg tivesse atuado como conselheiro dos jovens da igreja logo que nos conhecemos, ficava incomodada com o fato de que ele não estivesse envolvido em nenhum ministério. Apenas ia ao culto e à escola bíblica dominical. Para mim, não contava que ele trabalhava cinquenta horas por semana como gerente financeiro de um dos maiores hospitais cristãos de Dallas, o qual não tinha fins lucrativos. Eu pensava que aquele era um trabalho, não um ministério. Certo dia, tive a audácia de chegar até ele e dizer:

— Querido, você não se parece interessar pelo envolvimento em ministérios da igreja tanto quanto eu. Por quê?

Olhando dentro de meus olhos, ele respondeu:

— Shannon, quando nos casamos, Deus me mostrou que *você* seria meu único ministério, até que ele me dissesse o contrário. E ele ainda não me pediu para mudar de função.

Ai! Mais uma vez, a verdade doeu. *Eu* era o ministério de Greg em tempo integral, e meus pensamentos estavam tão confusos naquela época que as coisas precisavam mesmo ser dessa maneira. Se as energias dele tivessem sido direcionadas para outro lugar, provavelmente eu me sentiria ainda mais desesperada para que minhas necessidades emocionais de atenção e afeto fossem satisfeitas em relacionamentos extraconjugais danosos. E não apenas isso. Tive a oportunidade de buscar a cura e explorar o chamado de Deus para minha vida. Greg trabalhou duro a fim de sustentar nossa família e me dar liberdade plena para me envolver na igreja, estudar a Palavra de Deus, ir a um conselheiro quando necessário, fazer meu mestrado, escrever e ensinar.

Durante a primeira década de nosso casamento, Greg sentiu que precisava exemplificar para mim que o casamento *é* um ministério — e muito digno de esforço. Ele escreve:

> Muitas pessoas oram: "Senhor, dá-me um ministério! Mostra-me o que eu posso fazer por ti!". Enquanto isso, a resposta está bem embaixo do nariz de cada uma. Sim, o mundo precisa de Jesus, mas nosso cônjuge e filhos necessitam desesperadamente de ser os primeiros a receber nossos esforços ministeriais. Se salvarmos o mundo, mas perdermos nosso casamento e família no processo, o que isso dirá acerca do nosso testemunho? Podemos fazer mais pelos outros do que fazemos por aqueles que vivem conosco debaixo do mesmo teto? Como marido e mulher, mãe e pai, detemos o poder para ministrar a nossa família de uma forma que ninguém mais será capaz.

Examinemos agora as três principais maneiras por meio das quais uma esposa pode ministrar ao marido: evidenciando o que há de melhor nele, colocando as necessidades dele antes das próprias e dando a ele o melhor de seu tempo.

Evidenciando o melhor do outro

A Bíblia nos diz: "Assim como o ferro afia o ferro, o homem afia o seu companheiro" (Pv 27:17). Todavia, o processo de afiar tanto o ferro como outras pessoas requer fricção. No casamento, muitas vezes deparamos com arestas ásperas que precisam ser alisadas ou lugares cegos que precisam ser afiados, tanto em nosso cônjuge quanto em nós mesmos. O problema é que alguns casais confundem *afiar* com *apunhalar*. Posso ser rápida em julgar aquilo que percebo como os defeitos de Greg, mas, com um esforço concentrado, tenho condições de encorajá-lo amorosamente a superar suas falhas e se tornar o melhor homem, marido e pai que ele pode ser. Muitas vezes, a mudança de ser rápida em julgar para me tornar uma agente de encorajamento é simplesmente uma questão das palavras que escolho usar. Veja a tabela logo adiante para encontrar alguns exemplos.

E você? Tem a tendência de apunhalar seu marido, julgando-o, ou o afia com encorajamento? Você sempre presume o melhor a respeito dele, mesmo quando não concorda com suas ações ou com uma decisão que ele está tomando? Você consegue expressar de forma calma suas preocupações sem diminuí-lo? Se assim for, você o verá como um presente precioso de Deus, um amigo verdadeiro e um companheiro valioso.

Se tratarmos nosso cônjuge para esperar sempre o pior dele, em geral receberemos justamente isso: *o pior*. No entanto, quando sempre esperamos pelo melhor de alguém, é maravilhoso perceber o que é exatamente que acaba vindo à tona: a melhor parte do caráter da pessoa.

Além de evidenciar o melhor um no outro, o casamento também abarca colocar os interesses do cônjuge acima dos nossos.

Colocando as necessidades dele antes das suas

Em nossa primeira viagem missionária para Honduras, vários anos atrás, nossa família aprendeu uma grande lição a respeito do serviço verdadeiro. Nossa equipe tinha sido direcionada para ministrar em um orfanato para meninas por meio da construção de mais um dormitório, do asfaltamento da via de acesso e do estabelecimento de um laboratório de informática, onde as garotas teriam a oportunidade de aprender habilidades valiosas. Estávamos nos sentindo muito "altruístas" por termos dedicado um mês inteiro de nossa ocupada vida para tal trabalho e mal podíamos esperar para mandar um boletim informativo com fotografias que mostrassem aos outros a diferença que estávamos fazendo.

Quando descemos do ônibus no primeiro dia, com as câmeras fotográficas em mãos, o líder da equipe chamou a mim e a Greg em particular e disse:

— Nunca se tiram fotos no primeiro dia. Haverá tempo de sobra para isso mais para o fim da viagem.

Ficamos atônitos. "Qual é o problema?", pensamos. Mais tarde, naquela noite, nosso líder teve a oportunidade de se explicar:

Palavras de Julgamento	Palavras de Encorajamento
"Olha, já passou da hora de você me ligar. Eu detesto quando não tenho uma notícia sua o dia inteiro."	"Você deve estar muito ocupado hoje, mas estou feliz por ter conseguido encontrar um tempinho para me ligar. Sinto falta de ouvir sua voz."
"Se você realmente amasse a Deus e a sua família, nunca faria isso!"	"Você ama tanto a Deus e a nossa família que imagino ser muito difícil para você lidar com esse problema."
"Se eu o conheço bem, você provavelmente não terminará esse projeto, então pra que perder meu tempo?"	"Sei que essa não é bem sua especialidade. Por isso, estou muito orgulhosa de você estar tentando resolver isso sozinho."
"Isso é típico de você, sempre fazendo as coisas para os outros e colocando a família em último lugar."	"Acho maravilhoso você querer ajudar essa pessoa. Porém, antes de se comprometer, podemos conversar sobre o efeito que isso pode ter em nosso tempo juntos como família?"

— É preciso construir um relacionamento com essas pessoas antes de começar a tirar fotos. Do contrário, elas vão se sentir como se fossem apenas outro troféu em sua galeria missionária.

Uau! Nós não havíamos pensado sob essa perspectiva. Sentimo-nos culpados pelo fato de que, embora nossas intenções fossem servir *àquelas pessoas*, nossas ações indicavam que queríamos servir primeiro às *nossas* necessidades — a necessidade de enviar um bom relato com fotos para todos os nossos amigos.

Quantos de nós fazem a mesma coisa no casamento? Servimos a nosso cônjuge, mas isso é apenas um subterfúgio esperto para conseguirmos a satisfação de nossas necessidades a longo prazo. Embora não seja errado desejar que as próprias necessidades sejam atendidas, o serviço genuíno está ligado a satisfazer as necessidades da outra pessoa, sem motivos egoístas dissimulados. O casamento está muito mais relacionado a dar do que a receber.

Fui lembrada disso recentemente. Você se lembra da história do capítulo 2, sobre como dei a Greg tempo extra no trabalho antes de irmos viajar e como levei o jantar para ele na semana seguinte, quando ele teve de trabalhar até tarde ao longo de várias noites seguidas? Confesso que não demorou muito para eu começar a ter expectativa de que aquelas ações seriam recompensadas de forma grandiosa. Naquela época, eu estava usando temporariamente um escritório próximo ao do Greg, enquanto nossa casa era reformada. Depois de voltar do almoço em determinado dia, o carro de uma floricultura estava estacionado na entrada do prédio comercial. "Você trabalha aqui?", a motorista perguntou enquanto eu entrava.

Quando respondi afirmativamente, ela pediu que eu entregasse umas flores a alguém. Tirou da parte de trás da *van* um arranjo maravilhoso, com minhas flores favoritas: lírios cor-de-rosa perfumados, rosas, bocas-de-leão brancas e roxas e outras mais. Meu primeiro pensamento foi: "Bem, que ironia você me pedir para entregar essas flores, porque eu acho que elas são para mim mesma!". Quando olhei para o cartão, senti um gelo no coração ao ler *Jackie Ellis*, e não *Shannon Ethridge*.

Naquela noite, percebi que meu coração não tinha nem metade do afeto em relação a Greg comparado ao que sentira ao longo da semana anterior. Para evitar ficar muito irritada naquele momento, entrei na banheira para tomar um banho relaxante antes do jantar e fiquei me perguntando porque eu estava com tamanho mau humor. Foi então que percebi que eu ainda estava desapontada por aquelas flores não serem para mim. Estava sentindo que Greg não se estava esforçando o suficiente para atender às minhas necessidades emocionais de novo! Mas depois notei que eu estava esperando algo em retorno por tudo aquilo que havia feito por ele. Ah, sim, ele tinha expressado sua gratidão ao longo de toda a semana, mas flores falam mais alto do que palavras. No entanto, à medida que o tempo passava ali na banheira, resolvi parar de ficar emburrada. Pedi a Deus que tirasse de meu coração qualquer sentimento de expectativa que me estivesse atrapalhando de servir a Greg de forma altruísta e me ajudasse a amar meu esposo apenas por aquilo que ele é, em vez de amá-lo, em retribuição, pelas coisas que ele faz por mim. Fui capaz de deixar de lado as expectativas egoístas e de desfrutar de um jantar relaxante e de uma noite divertida, brincando de jogos com meu marido e filhos. Esse foi um presente muito maior para mim do que qualquer buquê de flores.

Serviço altruísta e ministério verdadeiro ao esposo também envolvem outro presente, que é o dom incrível do tempo de qualidade.

Dando a ele o melhor do seu tempo

O tempo é um bem precioso que poucas de nós temos de sobra. Nesses dias de dupla jornada de trabalho e de mãe com excesso de compromissos, não é de surpreender que a ocupação em exagero seja um dos maiores assassinos da intimidade. As reclamações de saúde de mulheres ocupadas levaram a comunidade médica a cunhar um novo termo, denominado síndrome da mulher apressada. As mulheres que sofrem dessa síndrome podem ganhar peso, ter a libido diminuída, sentir mau humor e fadiga. Os médicos acreditam que esses sintomas são causados pelo estresse de fazer coisas demais, de se comprometer até o limite, de se sentir sobrecarregada e mesmo assim achar que não está conseguindo alcançar muitos objetivos e de abrigar ressentimento em relação às expectativas dos outros. Tudo isso pode finalmente levar à hostilidade e à depressão.[1]

Vários anos atrás, quando meus filhos estavam em idade pré-escolar, tomei uma das decisões mais difíceis de toda a minha vida, mas acredito que ela me impediu de me tornar uma vítima dessa síndrome. Eu queria fazer uma ou duas matérias para começar a trabalhar num mestrado em aconselhamento. A faculdade mais próxima de nossa casa era uma universidade cara, de muito prestígio, e um amigo que trabalhava lá me encorajou a enviar uma solicitação de bolsa de estudos. Algumas semanas depois, recebi a notícia de que eu ganhara uma bolsa integral, que incluía tanto o custo do curso quanto os livros. Só havia um obstáculo: para me adequar ao perfil da bolsa, eu teria de ser aluna em *tempo integral*. Greg compreendeu a honra que isso representava para mim e quanto eu desejava aquela formação. Por isso, ele disse que nós daríamos um jeito.

No entanto, alguns dias depois, eu estava expressando minha gratidão a Deus quando claramente o ouvi dizer: "Não aceite. Agora não é o momento". Minha primeira resposta foi questionar o bom senso de Deus: "Senhor, tu queres que eu desista de uma bolsa integral? Esse não é um presente vindo de ti?".

Então, o senti respondendo gentilmente: "Sim. Eu lhe dei esse presente para que você pudesse devolvê-lo. Você confia que realizarei esse seu sonho mais tarde, num momento mais apropriado?". Também vi naquele momento, em minha mente, a imagem de uma mamãe passarinho deixando seus filhotinhos no ninho. Sabia que Deus estava me dizendo que meus filhos eram pequenos demais para que eu embarcasse naquele empreendimento.

Quatro anos mais tarde, meu filho mais novo começou a ir à escola, e Deus me deu sinal verde para trabalhar em minha dissertação de mestrado por meio de uma faculdade que oferecia um programa de ensino a distância, no qual eu assistia às aulas em vídeo em minha própria casa sem ter de me deslocar até a sala de aula várias vezes por semana. Muito embora eu tenha demorado cinco anos para concluir o curso e nós tenhamos investido bastante dinheiro do próprio bolso, não tenho nenhum arrependimento por ter recusado a bolsa durante aquela fase de minha vida.

Meu ministério de escrever livros e ensinar também exige grande quantidade de tempo e energia. Equilibrar o casamento e a maternidade com esse ministério não tem sido fácil. Preciso fazer um esforço concentrado para escrever durante o dia, enquanto as crianças estão na escola, de modo que possa separar o tempo do trabalho do tempo com a família. Greg e eu fazemos questão de agendar noites para sairmos juntos ou para fazer "caminhadas com conversas", a fim de permanecermos emocionalmente conectados. Existem momentos em que um de nós precisa viajar, deixando o outro sozinho para exercer o papel de pai e mãe por um pequeno período. De forma muito moderada, isso pode ser algo bom, pois a ausência faz o coração ficar mais terno enquanto cresce o desespero pelo retorno do cônjuge. Além disso, nosso coração fica mais agradecido pela contribuição do cônjuge na educação dos filhos e nas tarefas domésticas. Mas nós dois já aprendemos que não podemos deixar o casamento em segundo plano por muito tempo, senão um de nós começa a se sentir relegado. Muitas noites trabalhando até tarde, muitos dias de "se virar sozinho" na cozinha e muitas respostas do tipo "Ai, amor, estou cansado demais hoje à noite" levam à negligência da vida familiar, fazendo que o relacionamento sofra.

Pouco tempo atrás, recebi um *e-mail* que fornece outro grande exemplo de como nos esquecemos com frequência de que o cônjuge anseia por passar tempo de qualidade conosco. De acordo com Tina, seu estado de ocupação contínua levava o coração de seu marido a esfriar em relação a ela. Ela estava envolvida no clube de mães de pré-escolares, era babá de outras crianças, coordenava grupos de brincadeiras, era responsável pela biblioteca, pelo berçário da igreja e por outros ministérios. Algumas vezes, ela sentia que estava correndo atrás do vento e se frustrava porque o marido, Chris, não estava ajudando mais nas responsabilidades domésticas. Mas Chris também estava se frustrando por causa da falta de energia e de disponibilidade de Tina. Ela admite:

> Infelizmente, nós dois éramos muito preguiçosos para trazer o assunto à tona. Dia após dia, aparentávamos para as pessoas que tudo estava bem, que éramos um casal em perfeita sintonia. No entanto, noite após noite, passávamos o tempo cada vez mais distanciados um do outro. Eu presumia que deveria simplesmente "engolir" minhas irritações e ser a pessoa mais altruísta. Então, o que eu fazia se meu marido passasse a noite jogando no computador, esquecendo-se completamente de preparar o próprio almoço do dia seguinte (conforme eu havia pedido, porque não teria tempo)? Eu apenas dava um jeito de levantar um pouco mais cedo para fazer isso, é claro que muito ressentida com ele.
>
> Por outro lado, meu marido estava ficando frustrado porque eu não estava disponível para ele. Com grande frequência, eu ficava ao telefone após o jantar, sentindo que estava só cuidando das minhas tarefas, mas ele se sentia relegado e negligenciado. Então, ele ia fazer alguma outra coisa, como jogar no computador ou assistir à televisão, para dar vazão a sua frustração. Depois que eu saía do telefone ou terminava meu trabalho, eu o encontrava envolvido em alguma atividade. Por isso, me escondia atrás de um livro ou de qualquer outra coisa. Estávamos continuamente concentrados em nós mesmos, pensando apenas nas nossas necessidades que precisavam ser satisfeitas.

Tina levanta um ponto interessante: muitos maridos querem desfrutar de tempo de qualidade com a esposa, mas precisamos estar disponíveis para que isso aconteça. Seu marido provavelmente não vai pedir a você para separar um tempo do dia para ele, mas se sentirá muito valorizado se você colocar ligações telefônicas, *e-mails* e tarefas domésticas em segundo plano para que vocês dois possam passar tempo juntos sem interrupções.

É claro, não é necessário um projeto educacional, carreira ou atividades externas para que uma esposa coloque o marido na lista de espera em sua vida.

Algumas mulheres permitem que os filhos consumam tanto de seu tempo e energia pessoais que não conseguem fazer sobrar nada para o pai dessas crianças. Muitos homens se sentem como Karl, que escreveu o seguinte num *e-mail*:

> Acho minha esposa uma excelente mãe, mas preciso admitir que fico com bastantes ciúmes do tempo e da atenção que ela dedica aos nossos filhos. Ela trabalha fora a fim de que tenhamos condições financeiras para custear várias atividades extracurriculares para nossas crianças. Em meio a trajetos de carro, balé, piano, aulas de canto, futebol, *tae kwon do*, clube de escoteiros e voluntariado na sala de aula sempre que possível, quase todas as tardes, noites e fins de semana dela estão totalmente lotados com as atividades das crianças. Porém, esse é o único tempo que eu tenho com ela, já que nós dois trabalhamos durante o dia. Sinto que nosso relacionamento está sendo prejudicado, mas tenho medo de que minha família pense que sou egoísta se quiser tirar minha esposa da companhia dos próprios filhos para ter o tempo de qualidade de que preciso.

Embora todas nós desejemos ser mães maravilhosas, que passam bastante tempo cuidando dos filhos, não podemos fazer isso à custa do casamento. Precisamos ser cuidadosas para não transformarmos nossas crianças em ídolos, nos curvando a todos os seus caprichos e permitindo que nossa vida seja absorvida pela delas.

Um dos maiores presentes que os pais podem dar aos filhos é ensinar-lhes que o mundo não gira em torno deles. Precisamos ensinar a nossas crianças a importância de uma vida equilibrada (para todos os membros da família), demonstrando que o papai e a mamãe precisam ter tempo de qualidade juntos, sozinhos. Portanto, deixe os filhos em casa ocasionalmente com uma babá e saia com seu marido. Limite as atividades extracurriculares deles a uma atividade esportiva ou cultural a cada temporada, como aula de dança ou música. Eles já terão bastante interação social participando da escola, igreja, escola bíblica dominical, grupo de jovens e uma atividade extracurricular. Ao limitar as atividades dos filhos, você economiza tempo e dinheiro porque não precisa ficar levando as crianças pra lá e pra cá, em todas as atividades debaixo do sol.

Ao lutar para fazer de seu casamento uma de suas maiores prioridades, você estará fazendo um investimento incrivelmente válido.

O maior investimento

Pense em todos os relacionamentos importantes de sua vida e quanto tempo você passa desfrutando de cada um deles. Existe um que permanece constante ao longo da vida: seu relacionamento com o cônjuge. Décadas vivendo sob o mesmo teto, dormindo na mesma cama, comendo na mesma mesa e compartilhando uma rica história emocional, mental, espiritual e física colocam esse relacionamento numa classe especial e única. Certamente, quanto mais você investir em seu casamento, maior será o retorno pelo investimento.

Se está pronta para transformar seu casamento em sua maior área de concentração de esforços ministeriais, continue lendo, para explorar, na próxima parte, algumas coisas que as esposas fazem para abafar a chama de alegria e paixão que uma vez brilhou com força no coração do marido.

PARTE 3

Como a chama da alegria e da paixão morre no homem

6 Jogos femininos

QUANDO MINHA SOBRINHA ERA pequena, ela me perguntava com frequência:

— Tia Shannon, você pode brincar de um jogo comigo?

Se eu concordasse, Carye corria para o quarto e depois reaparecia rapidamente com um jogo de tabuleiro nas mãos, explicando:

— Mas olhe só: este é o *meu* jogo, então *eu* é que vou ganhar, tudo bem?

Sendo uma criança em idade pré-escolar, Carye não possuía maturidade suficiente para ser capaz de dizer: "Você me ajudaria a me sentir mais inteligente e crescida se me deixar ganhar, ok?". Hoje, Carye está na casa dos vinte anos e ainda rimos de como ela sempre tinha que ganhar em seus próprios jogos. Mas não é assunto para risadas o fato de muitas mulheres adultas ainda estarem brincando de jogos, insistindo em vencer a todo custo.

É claro que não me estou referindo a jogos de tabuleiro. Estou falando dos jogos mentais que as mulheres empregam no casamento. De forma subconsciente, muitas de nós somos muito boas em designar papéis, estabelecer regras e tentar ganhar para nos sentirmos melhor, de alguma forma, e garantir que nossas necessidades sejam satisfeitas. Alguns desses jogos mentais custam até mesmo o respeito e a afeição do marido, ou, ainda pior, o próprio relacionamento conjugal.

Neste capítulo, examinaremos vários desses jogos mentais, começando com um dos mais comuns.

O jogo de mamãe e filhinho

Um de nossos maiores atributos como mulheres é o instinto materno natural. A maior parte das mulheres gosta de cuidar dos outros e de garantir que tudo esteja bem. Não temos medo de arregaçar as mangas e mergulhar fundo em briga entre irmãos, noites do pijama, passeios da escola, vômito, cocô, sangue ou o que mais for necessário para o bem de nossos filhos. Afinal de contas, somos responsáveis pelo bem-estar deles até que sejam capazes de se cuidar sozinhos.

Uma coisa é ser mãe de filhos durante a infância deles, e outra, completamente diferente é agir como mãe para um homem adulto. Embora o marido aprecie quando a esposa lhe presta serviços, não gosta de ser tratado como criança. Por exemplo, Clifton explica:

> Gosto quando minha esposa faz gentilezas para mim, como embalar o almoço para eu levar para o trabalho ou passar minha camisa no dia anterior a uma reunião importante, mas algumas vezes ela conversa comigo como se eu não fosse capaz de fazer as coisas sozinho ou de tomar decisões. Em certas ocasiões, ela diz para eu me agasalhar, senão posso pegar um resfriado (como se eu não soubesse da quantidade de roupa de frio de que necessito para o dia) ou insiste de forma rude para eu trocar de roupa, por não estar vestido de forma apropriada para a ocasião, quando estou com vestimentas perfeitamente adequadas. Fico ressentido por ter de ouvir tudo o que devo fazer. Sou adulto e tenho uma mente própria bem aguçada. Não preciso de que ninguém fique ditando como devo me vestir. Isso é humilhante.

Os comentários de Peter ecoam os de Clifton:

> Fico com os nervos à flor da pele quando minha esposa pega no meu pé do mesmo jeito que pega no pé das crianças para fazer alguma coisa em casa. Ela não consegue pedir apenas uma vez e confiar que vou fazer. Fica lembrando e lembrando o assunto até que eu cedo e cumpro a tarefa por exasperação, apenas para calá-la. Isso me faz sentir como se ela não tivesse mais respeito por mim do que por nossos filhos pequenos. Quando ela me trata como criança, em vez de me tratar como homem, a última coisa que desejo é fazer sexo com ela. Isso seria parecido com fazer sexo com minha mãe.

Tendo em vista esses comentários tão francos, faremos bem em nos lembrar que só crianças, e não homens crescidos, precisam de uma mãe. Homens precisam é de uma esposa. De todos os modos, seja prestativa e ofereça auxílio ou conselho a seu marido, quando necessário, mas faça-o como um encorajamento, e não na expectativa de que ele é obrigado a seguir o que você disse. Esforce-se para ser uma companheira amável, e não uma mãe.

Sem dúvida, houve ocasiões em que assumi o papel de mãe de Greg, simplesmente esperando que ele me obedecesse. Já insisti com ele para chegar em casa em determinado horário, em vez de apenas confiar que ele voltará do trabalho o mais cedo possível. Já tentei controlar o que ele come e a frequência de sua prática de atividades físicas, como se ele não tivesse a menor noção de como ter um estilo de vida saudável por si mesmo. Já elaborei listas quilométricas de coisas para ele fazer com as datas em que eu precisava de tais tarefas cumpridas, como se o tempo livre dele me pertencesse completamente e eu pudesse controlá-lo. Assim como Peter e Clifton, Greg não gostava quando a esposa dele tentava gerir até os pequenos detalhes de sua vida.

Talvez você já tenha caído numa armadilha parecida. Muitas mulheres me dizem com frequência: "Eu me sinto mais como a mãe ou a chefe de meu marido do que como sua companheira". Elas me contam também que vivem cobrando o marido para vê-lo ajudando mais em casa. Se isso lhe parece familiar, lembre-se de que você não pode *exigir* a cooperação de seu esposo. No entanto, você pode *inspirá-lo* a fazer isso. Como você quer que seu marido tenha motivação interna (e não externa) para ajudá-la, tente encorajá-lo com um comentário agradável, do tipo: "Será que você pode aspirar a casa para mim hoje, em algum momento do dia? E, quando estiver aspirando, lembre-se de quanto aprecio seu esforço em trabalhar tanto dentro quanto fora de casa". Ou então, quando você o vir realizando alguma tarefa em particular, pode dizer: "Sou tão feliz por ter um marido que se dispõe a fazer isso!". Ele vai sentir que é seu herói, e não um filho rebelde. Por isso, é mais provável que ele queira desempenhar esse papel heroico mais vezes no futuro.

Enquanto algumas mulheres se sentem tentadas a exercer o papel de mães dentro do casamento, outras, por sua vez, podem ter a tentação de agir como crianças.

O jogo da menina mimada e do papai permissivo

Embora nem sempre tenhamos ganhado tudo o que queríamos enquanto estávamos crescendo, algumas meninas eram capazes de manipular tão bem o próprio pai que conseguiam praticamente tudo o que queriam num piscar de olhos. Isso pode até funcionar para uma garotinha, mas, quando uma mulher manipula emocionalmente o marido para conseguir as coisas do seu jeito, ela cria uma dinâmica muito prejudicial.

Senti pena do esposo de certa mulher que me disse o seguinte: "Posso conseguir qualquer coisa que quiser do Dan, dentro de certos limites, é claro. Tudo o que eu preciso fazer é cruzar as pernas e parar de cozinhar. É só uma questão de poucos dias para ele se submeter!". Tradução: "Eu me recuso a fazer sexo e o faço passar fome até que ele realize todos os meus desejos".

Talvez você tenha feito o papel da menina mimada de formas mais sutis. Algum desses comentários ou pensamentos lhe parece familiar?

- "Dediquei minha vida inteira a ele. Por isso, o mínimo que ele pode fazer por mim é comprar _______________!" (Você preenche a lacuna.)
- "Você não se importava de me mimar e me levar para jantar quando estávamos namorando. Então, por que não quer mais gastar comigo?"
- "Prefiro ficar num bom hotel à beira da praia do que com seus parentes. Será que eu não mereço isso de você?"

Como o dinheiro (ou a falta dele) é uma das causas mais comuns de conflito conjugal e divórcio, é importante não colocarmos um fardo financeiro maior do que podemos razoavelmente suportar sobre o marido ou sobre nós mesmas. Com a invenção do cartão de crédito, criar uma dívida impossível de gerenciar é tão fácil quanto passar a tira magnética e assinar. Talvez você ache chocante (ou se veja nessa situação), mas, de acordo com uma pesquisa *on-line* realizada pela revista *Redbook*, um terço dos cônjuges admitiu possuir dívida excessiva de cartão de crédito que eles escondiam do(a) companheiro(a).[1] É difícil imaginar o estresse que tal prática provoca no cônjuge que está gastando e escondendo, e como o segredo e a dívida irão afetar o casamento quando o outro descobrir o que está acontecendo. Greg e eu temos um amigo cuja esposa cometeu suicídio de forma súbita, muitos anos atrás. Ninguém entendia por quê. No entanto, o motivo veio à tona algumas semanas depois, quando faturas de cartão de crédito se empilharam, refletindo milhares de dólares de dívidas das quais o marido não tinha conhecimento.

Para evitar estresse financeiro desnecessário em seu casamento, use o sistema de apenas um cartão de crédito, débito e cheque, em especial se você tem a tendência de gastar dinheiro que não tem usando o cartão de crédito. Estudos mostram que os consumidores gastam significativamente *mais* quando usam o cartão de crédito porque ele cria a mentalidade de "posso ter agora e só pagar depois", forjando o engano de que é possível viver além de nossa renda sem consequências. Embora as recompensas pelo uso do cartão de crédito possam ser tentadoras, não existe nada que possa ser comprado em qualquer loja que seja mais valioso e recompensador do que a paz de espírito que alcançamos quando vivemos livres da dívida em excesso.

É claro que gerenciar as finanças é muito mais do que evitar dívidas. É também uma questão de planejamento. Infelizmente, já conheci algumas mulheres que tinham salários tão altos que sentiam ter justificativa para gastar quanto quisessem, sem dar importância a como o marido se sentia a respeito de tal uso do dinheiro. Também já vi algumas esposas que fazem questão de gastar todo o pagamento do marido. Elas reclamam que o esposo fica o tempo inteiro no trabalho. Por isso, acreditam ter justificativa para suas compras excessivas, como um meio de preencher as horas de solidão. Contudo, esses mesmos maridos dizem com frequência que precisam trabalhar cada vez mais e com mais afinco para ser capazes de cobrir os hábitos de consumo da esposa. Elas desejam casas maiores e carros melhores, mas não estão dispostas a diminuir gastos, economizar ou cortar excessos para conseguir tais objetivos. Esse tipo de exigência pode fazer o marido sentir-se mais como um banqueiro do que como um companheiro para a vida, e ele tende a trabalhar loucamente, muitas vezes por medo de que a perda de um salário regular leve, no fim das contas, à perda da família.

É bem provável que já tenhamos roupas suficientes no armário e muito mais sapatos do que precisamos. O carro que dirigimos pode não atrair os olhares das pessoas na rua, mas consegue nos levar ao lugar para onde estamos indo. Não necessitamos de uma casa maior tanto quanto precisamos nos livrar de toda a tralha que ocupa espaço demais. Não se esqueça de que, a despeito do montante de salário que cada um de vocês recebe, o marido tende a carregar mentalmente a maior parte da responsabilidade em garantir a provisão para a família. É assim que os homens são configurados. A esposa apenas aumenta esse fardo quando exige coisas das quais não precisa.

Portanto, da próxima vez que quiser fazer uma compra que possa ter um grande impacto sobre o orçamento familiar, ore a Deus, pedindo-lhe para mostrar se isso é algo de que você realmente precisa. Se for, converse sobre isso com seu marido e reflita sobre quais sacrifícios você pode fazer por um tempo para ajudar a dividir parte da carga ocasionada pelo gasto, para que seu esposo não se sinta sobrecarregado pelo pedido. Por exemplo, você pode juntar cupons de desconto, deixar de ir à cafeteria ou levar almoço de casa para o trabalho todos os dias, em vez de comer fora.

Se não obtiver a resposta que estava esperando, lide com o desapontamento sem partir para a manipulação. Lembre-se do que Tiago disse no capítulo 4 de seu livro: os desejos que batalham dentro de nós costumam ser fonte constante de brigas, e, muitas vezes, não temos alguma coisa porque não a pedimos a Deus ou porque nossos motivos são errados. Tente a seguinte abordagem de três passos para remediar situações como essas:

1. Entregue o desejo a Deus por um tempo e veja se ele desaparece. Muitas vezes, os desejos materiais são passageiros. Os bazares repletos de itens "indispensáveis" do ano passado frequentemente atestam essa realidade.
2. Se o desejo permanecer mesmo depois de você tê-lo entregado, dê o próximo passo, pedindo a Deus que purifique seus motivos e cumpra o desejo de acordo com a vontade dele.
3. Se o tempo passar e você não obtiver resposta, ore a Deus para que mude o desejo de seu coração ou o do coração de seu marido, para que ambos estejam em concordância com a vontade divina.

Ao longo desses três passos, a despeito do resultado de suas orações, mantenha a união e a harmonia em seu relacionamento como prioridade sobre qualquer compra que deseje fazer. Nada que você possa comprar ou possuir será mais valioso para você, seu casamento ou seus filhos do que um relacionamento pacífico e de união com seu marido.

Existem outros momentos em que uma esposa pode se sentir tentada não a atuar como filha, mas a desempenhar o papel de pai, quer dizer, de Pai *celestial*.

O jogo do Espírito Santo e do miserável pecador

Você já teve algum desses pensamentos, ou pior, já verbalizou alguma das frases a seguir?

- "Meu marido pensa que é cristão, mas eu não tenho tanta certeza assim."
- "Minha vida seria muito melhor se meu esposo amasse a Deus como eu amo."
- "Se nossos filhos se tornarem adultos fiéis a Jesus, não será por causa de meu marido!"

Não tenho a pretensão de minimizar a dor de nenhuma mulher que vive com um descrente convicto, mas preciso destacar que o legalismo e a justiça própria foram duas coisas contra as quais Jesus se posicionou com mais frequência do que qualquer outro assunto. Muitas de nós precisam admitir que tendem a designar o papel de vilão ao marido enquanto ostentam auréola angelical. Que objetivo tentamos atingir quando fazemos isso? Levá-lo a um estilo de vida mais justo usando a culpa? Ou parecer mais justas chamando a atenção para a falta de santidade dele?

Toda mulher cristã anseia por um marido que atue como forte líder espiritual dentro do lar. Todavia, algumas vezes leva anos para que um homem amadureça a ponto de assumir tal papel. Infelizmente, muitas mulheres retardam o processo de crescimento devido a sua indignação repleta de justiça própria, como Anthony explica:

> Minha esposa pensa que é supersanta porque vai à igreja sempre que a porta está aberta. Mas, às vezes, ela tem um jeito tão azedo que me pergunto se a religião está lhe fazendo bem. Se a igreja estiver cheia de hipócritas como ela, não quero ter nada a ver com esse lugar. Passar tempo a sós com Deus no meu carro nos domingos de manhã é mais proveitoso. Mas é óbvio que minha esposa pensa que vou queimar no inferno porque não esquento o banco todos os domingos como ela. "A fé sem obras é morta!", ela diz. No entanto, sua atitude cínica me mostra que a fé dela também não está tão viva assim.

A reação de Anthony à atitude da esposa é um lembrete forte de que podemos apenas ser *modelos* da vida cristã abundante para nosso marido, e nunca *forçá-lo* a vivenciar tal experiência. Por mais que você deseje um maior comprometimento com as coisas espirituais por parte de seu esposo, lembre-se que só existe um Deus — um Pai, um Salvador e um Espírito Santo — e que você não é esse Deus. Podemos dar broncas constantes em nosso marido a ponto de conseguir mudar um pouquinho o comportamento dele, mas uma transformação profunda e de coração só é possível de verdade por meio do poder do Espírito Santo, não do que tentamos ser na vida de nosso esposo. Apenas ore por seu marido e o encoraje com amor quando for apropriado. Deixe o Espírito Santo fazer na vida de seu esposo aquilo que somente ele pode fazer.

Finalmente, como muitas de nós entram para o casamento com questões não resolvidas, existe outro jogo mental que precisa ser mencionado.

O jogo da paciente e do psicoterapeuta

Como para muitas outras mulheres, falar em voz alta sobre determinados assuntos me faz bem. Quando verbalizo meus pensamentos, com frequência percebo de forma mais clara como resolver um dilema em particular. Se os problemas são de fácil solução, o marido pode ser um excelente ouvinte. No entanto, problemas de difícil identificação ou solução podem transformar-se em pontos de atrito entre marido e mulher, causando frustração e confusão.

Esse foi o caso de Wendy e Jeremy. Numa tentativa de ser transparente com o esposo, Wendy lhe contou sobre o abuso sexual que sofrera de um vizinho durante a infância. Eles estavam casados havia seis meses, e a princípio Jeremy foi muito atencioso e compreensivo. Ele disse que faria horas extras para pagar aconselhamento para Wendy, se ela desejasse fazê-lo. Como ela não queria sobrecarregá-lo com essa despesa, disse que estava lidando bem com a situação. Contudo, Wendy raramente tinha interesse em fazer sexo, porque isso a lembrava demais do abuso. Em vez disso, ela pedia a Jeremy que a abraçasse, enquanto ela desabafava sobre como se sentia acerca dessa situação do passado.

Depois de um tempo, ele ficou tão frustrado e cansado de ouvir aquelas memórias amargas e pesadelos recorrentes que disse: "Olhe, eu não me importo de ouvi-la, mas, a não ser que você queira que eu encontre esse cara e dê uma surra nele pelo que ele lhe fez, talvez seja melhor parar de me contar todas essas coisas". Embora não fosse isso que Wendy desejasse escutar naquele momento, essa acabou se tornando a hora da virada no relacionamento deles. Ela conta:

> Durante um tempo, considerei a resposta de Jeremy como uma forma de rejeição. Contudo, quanto mais eu pensava sobre aquilo, mais percebia que estava tentando fazer que ele fosse meu conselheiro, embora Jeremy nunca tenha estudado psicologia na vida. Era impossível que isso não o deixasse oprimido! Embora eu ainda sinta que preciso ser honesta com Jeremy, não perco mais tanto tempo lhe contando os detalhes sórdidos a respeito de coisas com as quais ele não é capaz de lidar. Deixo tudo isso para o consultório de meu terapeuta, e não para nosso quarto.

Como Wendy descobriu, os homens são por natureza direcionados a resolver os problemas. Eles amam ser nossos heróis, remediar nossos apuros e nos resgatar de nossas aflições. Mas se os problemas que temos são extremamente complexos e muito enraizados, o marido pode se sentir oprimido e frustrado por sua falta de capacidade em resolver as coisas. Portanto, se você precisa resolver um problema e seu marido pode fazer isso por você, não hesite em procurá-lo. Porém, se você precisa de terapia para superar uma questão recorrente que seu esposo não tem treinamento para enfrentar, faça um favor a você mesma e a ele procurando um terapeuta.

A situação recíproca também é verdadeira. Se seu esposo possui problemas profundos que precisa resolver, não é realista esperar que você seja capaz de aconselhá-lo e de resolver essas questões. Encoraje-o e lhe dê apoio, mas não tente consertá-lo por conta própria. Você é esposa, e não terapeuta.

Jogando para ganhar

E você? Algum desses (ou de outros) jogos mentais transformou-se em chamas assassinas de seu casamento? Você está pronta a deixar de lado esses jogos para começar a *inspirar*, em vez de *exigir* intimidade em seu relacionamento?

Se esse é o seu desejo, dê fim aos jogos para conseguir a satisfação de seus desejos ou necessidades. É claro, todas nós passamos por momentos em que sentimos que devemos cuidar dos outros, situações nas quais queremos que alguém cuide de nós, temos o desejo de ajudar alguém a se tornar uma pessoa melhor ou precisamos resolver problemas para ser pessoas melhores. Contudo, jogos mentais nunca são a solução. Com a ajuda de Deus, você pode aprender a reconhecer e verbalizar essas necessidades e desejos para que seu marido se sinta respeitado por você, e não manipulado.

A única maneira de experimentar satisfação plena em seu relacionamento é tão somente amar seu marido por ser quem Deus o criou para ser (em vez de tentar fazê-lo desempenhar o papel que você deseja). Ao reconhecer e verbalizar suas próprias necessidades e desejos, você estará criando o clima para que *ambos* se sintam vencedores.

7 Subindo e descendo escadas rolantes emocionais

MINHA AVÓ PASSOU GRANDE PARTE da vida andando pelos *shopping centers* e lojas de departamento procurando pelos elevadores escondidos. Por quê? Porque ela morria de medo de escadas rolantes. Recordo-me de uma vez em que minha mãe estava tentando fazer vovó subir uma escada rolante. Ela resistia tanto em subir naquela coisa que era possível pensar que o segundo piso estava pegando fogo. Vovó insistia: "Deve haver um elevador nessa loja em algum lugar, ou pelo menos escadas que não se mexem!". Certa vez, ela até saiu correndo de uma loja, exclamando: "Puxa, eu nem preciso tanto assim de meias-calças novas! Podemos pegá-las em outro lugar que não tenha escadas rolantes!".

Como esposa, gostaria de ser mais como minha avó e evitar as escadas rolantes de maneira intencional. É claro que não me estou referindo às escadas rolantes literais, e sim às emocionais, nas quais uma escorregadela de Greg é considerada uma ofensa de terceiro grau. Deixe-me dar-lhe alguns exemplos de como isso pode acontecer em nossa casa e em tantas outras ao redor do mundo.

Irritando-se com as pequenas coisas

Não faz muito tempo, nossa família fez uma viagem para o campo em nosso *trailer*, para desfrutar de um pouco de tempo juntos durante um feriado. Tínhamos marcado para partir na quinta-feira. Por isso, pedi a Greg que tirasse o *trailer* do bosque próximo a nossa casa, onde ele ficava guardado, na terça-feira e o colocasse na garagem. Assim eu teria tempo suficiente para limpá-lo e carregá-lo com tudo de que precisaríamos para a viagem. Na terça-feira, estava chovendo forte, então Greg decidiu esperar até quarta-feira para pegar o *trailer*.

No entanto, a noite de quarta foi ocupadíssima: precisávamos levar e buscar as crianças no grupo de jovens e nas atividades na Awana[1], Greg tinha que deixar tudo pronto no trabalho para poder ficar fora alguns dias e, por isso, o *trailer* também não foi trazido na quarta.

Greg finalmente o colocou na garagem na quinta de manhã, poucas horas antes do momento marcado para partirmos. Ele me disse que, sem querer, havia esquecido uma melancia no chão da cozinha na última vez em que tínhamos acampado (o que acontecera vários meses antes), mas que ele já limpara a bagunça. Rapidamente, joguei nossas roupas, produtos de higiene pessoal, comida, roupa de cama e artigos para brincadeiras em malas e cestos de lavanderia. Joguei tudo isso dentro do *trailer* e pensei que depois poderíamos limpar e organizar tudo.

Entretanto, o "depois" parecia nunca chegar. Ao longo do feriado, continuávamos simplesmente jogando as malas e cestos de lavanderia da cama para a mesa, da mesa para o chão e depois de volta para a cama. Depois de dois dias de caos, eu, de feliz acampante, transformei-me numa ursa zangada. Joguei na cara de Greg: "Se *você* tivesse levado o *trailer* para a garagem quando eu lhe pedi, não estaríamos passando por esse problema! Não consigo funcionar assim. Isso não tem a menor graça!". Parecia não importar que a mãe brigando com o pai não tinha graça para ninguém. Eu estava sendo inconveniente. Eu não estava bem. Em lugar de criar coragem, esvaziar o *trailer* e colocar tudo em ordem do meu jeito, Mamãe Urso resolveu começar uma briga. Enquanto isso, eis o que Papai Urso estava pensando:

> Fiquei ressentido por Shannon estar me dando uma chamada, ainda mais na frente das crianças. Em primeiro lugar, se queríamos chegar no local de acampamento a tempo para conectar o *trailer* à energia e água encanada antes de escurecer, tínhamos pouca escolha além de jogar as coisas lá dentro e começar a viagem. Além disso, ela havia presumido que eu deixara a maior parte do trabalho para ela, sem pensar em todo o trabalho que eu tivera para limpar o resíduo de melancia podre do chão. Senão, estaria me agradecendo, em vez de ficar fazendo cobranças. Eu não sabia que as malas e cestos de lavanderia eram tão importantes assim, já que podíamos tirá-los do caminho sempre que necessário. Ficou claro que isso era importante para ela, mas brigar comigo não resolvia o caos. Apenas criava mais.

Às vezes, as coisas simplesmente não acontecem como planejamos ou desejamos. Nesses momentos, quando nos sentimos desapontadas ou ofendidas pelas circunstâncias da vida, podemos permitir que nossas emoções cresçam e se transformem em raiva, frustração, ressentimento ou depressão profunda. Qualquer uma dessas reações só piora a situação. Ou então podemos arregaçar as mangas e tirar o melhor dessa condição difícil. Caso seja absolutamente necessário, podemos expressar nossa chateação depois, quando o tempo e o local forem apropriados e quando pudermos conversar de forma calma e amorosa.

Obviamente, não são apenas as situações da vida que podem nos fazer entrar em pane emocional. Algumas vezes, pequenos defeitos de nosso esposo nos deixam malucas!

Quando os defeitinhos dele levam você à loucura

Todos nós temos uma série de defeitinhos peculiares, e um dos de meu marido é seu senso de direção deficitário. Certa vez, ele chegou três horas atrasado a uma reunião de negócios no Texas porque acabou indo acidentalmente para Oklahoma. Ele não achou nem um pouco engraçado, mas os colegas de trabalho se divertiram ao descobrir que ele se atrasara terrivelmente por dirigir para o norte, quando deveria ter ido em direção ao sul.

Foi fácil para mim rir daquela situação também; afinal ela não me atrapalhou em nada. Porém, em certa manhã de ritmo frenético, quando tentava acordar todo mundo, arrumar e alimentar as crianças, organizar a mochila delas e fazer que todos saíssem a tempo para a escola e o trabalho, deixei a falta de senso de direção de Greg me colocar numa escada rolante emocional. Saímos da garagem e paramos num cruzamento de quatro vias. Greg, como se estivesse no piloto automático, virou à esquerda em direção a seu escritório; só que estávamos indo para a escola das crianças, e isso exigia uma curva à direita. Minha tensão já vinha se acumulando ao longo de toda a manhã, e esse pequeno erro me tirou do sério. Apertei o pedal de freio imaginário no banco do passageiro e gritei: "*Para onde* você está indo? Será que dá pra tirar a cabeça das nuvens e *prestar atenção* uma vez na vida?". Assim que as palavras saíram da minha boca, fiquei envergonhada do próprio comportamento, em especial por ter explodido na frente de nossos filhos.

Outra peculiaridade de Greg, uma que passei a apreciar de verdade (bem mais que sua falta de senso de direção), é a inabilidade em se exaltar. Em vez de gritar em resposta devido a minha explosão naquele cruzamento ou perguntar de maneira sarcástica se eu não queria dirigir, ele me olhou calmamente e disse: "Será que você pode ter paciência comigo? Eu não estava pensando direito, mas isso não lhe dá o direito de gritar comigo". Com certeza, ele não estava calmo por dentro. Ele admite que seu coração estava muito endurecido em relação a mim naquele momento. Eu já havia tomado o café da manhã, mas a situação exigia um grande pedaço de torta de humildade de sobremesa.

Como a maioria dos homens, Greg detesta pedir informações. Já ouvi dizerem que os israelitas vagaram no deserto por quarenta anos porque Moisés se recusou a parar e pedir informações sobre como chegar à terra prometida. Embora essa brincadeira seja um grande exagero, toda mulher que já ficou presa em um carro indo para lá e para cá com um homem que se recusa a admitir estar perdido sabe como isso pode levar alguém à loucura. Eu costumava deixar essa questão minúscula a respeito de Greg me incomodar a ponto de sentir frustração e raiva. Quando chegávamos a muitos de nossos destinos, minha insistência para que ele pedisse informações ou me deixasse dirigir deixava os dois tão nervosos que nenhum de nós conseguia aproveitar a noite.

Hoje em dia, em lugar de gritar com Greg, coloco a mão sobre a coxa dele para chamar-lhe a atenção, dou um sorriso simpático, levanto as sobrancelhas e pergunto: "Onde você está indo?". Essa abordagem permite que ele ria de si mesmo junto comigo. Mesmo quando o tempo para chegar a algum compromisso está se esgotando, digo a mim mesma: "Que diferença fará para a salvação de alguém o fato de nos atrasarmos por alguns minutos porque o Greg fez uma curva errada?".

Quando nos perdemos, aprendi a não contar para os outros assim que chegamos, pois pode parecer que estou zombando do seu senso de direção precário. Também aprendi que, quando realmente precisamos de informações, consigo muito mais se disser: "Querido, estou precisando muito ir ao banheiro. Se você parar nessa loja de conveniência, vou aproveitar e confirmar se estamos indo na direção certa". Dessa forma, ele é meu herói por parar para me deixar ir ao banheiro, e não um incompetente por ter-se perdido.

Hoje em dia, Greg e eu temos uma nova maneira de assegurar nossa chegada a tempo nos lugares: um sistema de posicionamento global (GPS). A história sobre *como* compramos esse aparelho é outra boa ilustração do jeito que nós, esposas, podemos escolher entre subir uma escada rolante emocional ou responder aos desapontamentos com calma e racionalidade.

Recusa do "não" como resposta

Como mencionado no capítulo anterior, algumas vezes tentamos manipular o marido para nos dar tudo o que queremos, e a recusa em aceitar um "não" como resposta é o método que empregamos com maior frequência. Embora já tenha sido culpada disso no passado, essa é uma escada rolante emocional que aprendi a evitar. Greg explica:

> Alguns meses atrás, decidimos comprar um carro híbrido da Toyota para substituir nosso Camry, com catorze anos de uso, e para aliviar o rombo financeiro causado por nossa Suburban, veículo que consome bastante combustível, devido ao aumento do preço da gasolina. Quando demonstramos interesse na compra do carro, descobrimos que levaria pelo menos seis meses para que o veículo nos fosse entregue. Shannon sugeriu que pensássemos em comprar o carro na versão completa, que inclui um sistema de navegação GPS, por causa de minha filiação ao clube do "eu me recuso a parar e pedir informações". Mas eu achava que o GPS não valia o preço a mais que teríamos de pagar. Dez anos atrás, Shannon teria emburrado, insistido para as coisas acontecerem do jeito dela ou manipulado a situação de algum modo com o objetivo de ganhar. Em vez disso, ela apenas disse: "Ok, vamos fazer o que você achar melhor". Fiquei pensando, contudo, se ela não ia ficar orando para que Deus mudasse minha opinião. Quatro semanas depois de entrarmos na lista de espera, telefonei para ela e disse: "Andei pensando e acho que poderíamos ter pedido o sistema de navegação".
>
> Ela não esfregou isso na minha cara, dizendo: "Está vendo? Eu disse!". Shannon apenas respondeu de forma agradável: "Desse jeito, você *nunca* mais precisará parar para pedir informações! Você quer que eu altere nosso pedido?". Concordei com aquela mudança de planos, principalmente porque ela foi tão agradável em aceitar meu "não" que fez que eu desejasse lhe dar um grande "sim", por saber quanto ela queria o GPS.

Você percebeu o que se passou? Como eu aceitei o "não", meu marido desejou me dar um "sim" de todo o coração, sempre que possível. Suspeito que seu esposo seja muito parecido com o meu. Quando emburramos, choramos ou fazemos um escândalo, tudo o que conseguimos é ajudá-los a bater o pé mais ainda. Mas quando você aceita o "não" dele como resposta e respeita seus sentimentos, motiva seu marido a ver as coisas de sua perspectiva. Não falo isso como uma alternativa para manipular seu esposo de forma mais eficaz, mas como uma opção para manter a unidade e a harmonia, alimentando a paixão que vocês dois desejam e numa tentativa de inspirar um espírito de maior cooperação entre o casal.

Você também pode manter a unidade e a harmonia em seu casamento se abstendo de subir a escada rolante emocional de pensar que tudo que acontece tem que ver com você.

Levando tudo para o lado pessoal

Quando Barbara e Andy estavam namorando, ela lhe perguntava com frequência sobre o que ele estava pensando. Nove dentre cada dez vezes, ele estava pensando nela. Porém, depois de vinte e poucos anos de casamento, as coisas não funcionam mais assim, e isso não é necessariamente ruim. No entanto, se Barbara pergunta a Andy o que ele está pensando, e ele responde "Nada, não", ela leva para o lado pessoal e começa a tentar encontrar o que está fazendo de errado. Ela começa a interrogá-lo porque ele não pensa mais nela como fazia antes. Andy percebeu que "nada" é sempre a resposta errada à pergunta "Sobre o que você está pensando?", mesmo quando ele de fato não está pensando em nada especificamente. Andy admite:

> Se a Barbara me pega pensando em alguma coisa, pode ser sobre o que eu preciso fazer no trabalho ou como quero receber em breve os amigos em casa num sábado à noite para jogar pôquer. Mas, se eu disser o que está se passando em minha mente, ela vai emburrar e reclamar de que estou casado com meu emprego ou de que nunca mais a levei para sair aos sábados à noite. Amo minha esposa, mas tenho mesmo de ficar pensando nela o tempo inteiro para lhe provar isso? Deveria mentir e dizer que estou pensando nela, mesmo se não for verdade? Esse dilema parece ridículo para um homem adulto como eu.

A moral da história é que devemos entender as palavras de nosso esposo de maneira literal, em vez de levá-las para o lado pessoal. Se ele disser que não está pensando em nada, então provavelmente é isso mesmo que está acontecendo.

Lembro-me de uma vez em que expressei desapontamento por uma das respostas do tipo "não estou pensando em nada", dita pelo Greg. Ele explicou com sinceridade: "Shannon, eu não sou inteligente o bastante para ter pensamentos profundos em todos os momentos do dia. Algumas vezes, realmente não estou pensando em nada. Minha mente está em branco. Fico vegetando. No trabalho, preciso pensar o tempo inteiro. Em casa, desejo liberdade para deixar meu cérebro relaxar. Não tome isso como um sintoma de que não a amo ou de que não penso em você com frequência".

Talvez você faça essa pergunta a seu marido de forma ocasional simplesmente porque deseja conhecê-lo melhor. Embora isso seja compreensível, tente evitar as expectativas sobre qual *deveria* ser a resposta para o que ele está pensando. Se espera que ele esteja pensando em você e esse seja o motivo da pergunta, você está tentando pescar um elogio ou reconhecimento. Mas, quando pergunta com motivos puros (simplesmente desejando uma conexão com ele em dado momento), você será capaz de aceitar qualquer resposta que ele lhe der, sem se importar se era aquilo que desejava ouvir.

Ou talvez você, assim como Barbara, faça essa pergunta com o objetivo de procurar afirmação e assegurar-se de que seu marido ainda a ama. Uma maneira mais eficaz de conseguir esse tipo de reconhecimento é visualizar essa necessidade e convidá-lo a supri-la, dizendo algo mais ou menos assim: "Estou me sentindo um pouco insegura agora e precisando ouvi-lo dizer que me ama. Você pode me dizer o que ama em mim?". Ele pode responder de forma ainda melhor se você fizer algumas perguntas específicas, como: "Você se lembra do que estava pensando quando entrei pelo corredor da igreja no dia de nosso casamento? Você ainda se sente daquela maneira? Qual é sua melhor lembrança da nossa vida de casados?". Acho que deu para você entender a ideia. Não leve para o lado pessoal, caso as palavras dele não coincidirem com o *script* imaginário que você sonhou em sua mente. Deixe que ele se conecte com você com as próprias palavras dele e de seu jeito único.

Por fim, quando levamos pequenas coisas para o lado pessoal (e saímos da linha por causa disso), podemos criar problemas maiores em nosso relacionamento, em especial num cômodo em particular da casa: o quarto.

Um suspiro é apenas um suspiro

Esse exemplo é um pouco pessoal, mas baseada em conversas que tive com outras mulheres e em como às vezes exageramos na reação a pequenas coisas que acontecem na cama, Greg e eu sentimos que vale a pena compartilhá-lo.

Estávamos casados há seis meses, era o final da manhã de um sábado e havíamos acabado de nos deliciar com um farto café da manhã, com ovos, *bacon*, molho *gravy* e biscoitos. Sentimos a tentação de desligar o telefone e voltar para a cama, para dormir mais um pouco. No entanto, à medida que eu me despia, Greg me deu aquele olhar, o olhar que diz "Uau, querida! Vem aqui, vem!". Entrei debaixo dos lençóis, coloquei-me em seus braços e começamos a fazer amor.

Em seguida, Greg caiu num sono profundo, e eu, numa depressão profunda. O problema? Percebi que ele estava ficando cansado de mim e entediado com nossa vida sexual. O que me deu essa impressão? Greg havia *suspirado* no meio de nossa relação sexual! Não fora o tipo de suspiro apaixonado que se espera ouvir do cônjuge ao fazer amor. Para mim, parecera um suspiro do tipo: "Puxa, estou cansado e queria que isso aqui acabasse logo!". O que me deu essa impressão? Intuição feminina. As mulheres simplesmente sabem esse tipo de coisa, certo? Errado!

Quando contei a Greg como estava me sentindo, ele mal podia conter sua descrença. Eis seus pensamentos sobre o assunto:

> Um *suspiro* é apenas um *suspiro*! Não consigo entender como um pequeno suspiro em especial, numa manhã preguiçosa depois de um farto café da manhã, pôde ser traduzido por: "Não estou mais empolgado com nossa vida sexual". Quando acordei daquela soneca matinal e encontrei Shannon aos prantos no travesseiro, fiquei com medo de que algo muito sério estivesse acontecendo. Mas, quando ela me explicou por que estava chorando, não consegui acreditar que tal pensamento pudesse ter passado por sua mente!

Compartilhamos esse detalhe muito íntimo de nosso casamento porque sabemos que se trata de uma ilustração perfeita de como Satanás pode pegar algo tão insignificante quanto um suspiro e fazê-lo aumentar desproporcionalmente na cabeça de uma pessoa, causando uma enorme espiral decrescente no relacionamento. Alguma coisa é dita e o ouvinte a tira do contexto. Às vezes, a pessoa que falou só está tendo um mau dia, ou se sente cansada ou estressada por algo que aconteceu em outra área da vida. Somos tentados a levar para o lado pessoal, em vez de deixar de lado as ofensas. Assim, construímos um muro em nossa mente, provando que aquela pessoa não nos ama de verdade, não nos respeita, não gosta de nós, não nos aprecia e não quer ficar ao nosso lado. A cada incidente negativo que acontece, permitimos que outro tijolo seja colocado entre nós e o cônjuge, criando barreiras mentais que só servem para nos separar. Mas as coisas não precisam ser dessa maneira.

Imagine as possibilidades

Reflita sobre o impacto positivo em seu casamento se você simplesmente se recusar a tomar um pequeno incidente, fazê-lo tomar proporções exageradas em sua mente e reagir emocionalmente. E se você não se irritar com as pequenas coisas e arregaçar as mangas para lidar com qualquer situação inesperada que a vida coloca em seu caminho? E se aprender a rir da falta de senso de direção de seu marido (ou qualquer outro pequeno defeito de personalidade que a leve à loucura e à frustração)? E se você for capaz de aceitar os "nãos" de seu esposo sem fazer drama nem tentar manipular a situação? E se aprender a conceder a seu marido a graça de ter os próprios pensamentos e se recusar a levar as coisas para o lado pessoal? E se você se apegar firmemente à crença de que seu marido a ama loucamente e deseja ter intimidade com você sempre que possível? Não será muito mais fácil manter a chama acesa e ter alegria e paixão intensas no relacionamento?

Pode ter certeza que sim. Portanto, faça um favor a si mesma (e a seu marido) e tente permanecer com os pés no chão todas as vezes em que sentir a tentação de subir mais uma vez uma escada rolante emocional.

8 Saindo da arquibancada

Há pouco tempo, fiz uma visita a uma amiga no Colorado que nasceu no mesmo dia que eu. Com frequência, trocamos observações sobre como estamos envelhecendo. Dessa vez, o assunto surgiu com referência a como nosso nível de preparo físico já não é o mesmo agora, quando estamos nos aproximando rapidamente do grande 4.0 .

— Você era uma adolescente bem ativa, não é mesmo? — perguntei a Kia, mencionando como eu me lembrava de olhar para as fotos dela de líder de torcida dependuradas numa parede especial na casa de sua mãe.

Ela riu e disse:

— Lembre-se, eu cresci em Samoa. Lá, qualquer menina podia ser líder de torcida. Qualquer uma que estivesse interessada já fazia parte do time automaticamente. Quando cheguei aos Estados Unidos e passei a frequentar uma escola com mais de mil alunos, percebi que não tinha condições de compor a equipe de líderes de torcida. Eu não sabia nem virar estrelinha.

Isso me soou muito engraçado na hora e familiar também, já que eu também nunca consegui fazer essa acrobacia, e horas depois ainda não conseguia tirar a história da cabeça. Achei muito interessante que as garotas de Samoa pudessem ser líderes de torcida, a despeito de suas habilidades. Não havia pressão por desempenho. Fazer parte da equipe não constituía um teste de popularidade. Elas só estavam lá porque queriam.

Embora nem toda menina tenha o desejo de ser líder de torcida, houve um tempo em minha vida em que eu quis muito. No entanto, não tinha vontade de me exercitar todos os dias ou de tentar fazer aquelas acrobacias ousadas de ginástica. Por isso, nunca tentei. Porém, se fazer parte da equipe fosse tão simples quanto levantar a mão, comparecer ao treino e animar o time da lateral do campo, eu teria feito sem pensar duas vezes.

Bem, adivinhe uma coisa: descobri que não é muito tarde para fazer o sonho de me tornar líder de torcida transformar-se em realidade. A única exigência é que eu tenha o desejo. Não há nenhuma pressão por desempenho, nenhum concurso de popularidade, nem acrobacias ousadas no pacote. O único pré-requisito é meu desejo de animar meu marido até a vitória, tanto em seus projetos de trabalho quanto de lazer. Vamos analisar esses dois tipos de projetos e algumas das maneiras pelas quais a esposa pode ser uma bênção ou um fardo para o marido.

Aumentando o estresse do marido

Embora a maioria das mulheres tenha um número assustador de responsabilidades a atender, não podemos esquecer que os esposos também enfrentam um redemoinho de desafios todos os dias. Além de terem de prover o sustento da família, ainda precisam ganhar dinheiro suficiente para poupar para o futuro. Além de precisar dar conta do serviço, ainda têm de impressionar o chefe e os colegas de trabalho, e cumprir cotas e prazos a fim de demonstrar que são capazes, decididos e eficientes.

Seu marido enfrenta pressões diárias em excesso, e todas as horas do dia dele podem parecer, por vezes, uma batalha morro acima. Ele precisa saber, sem sombra de dúvida, que alguém está ao lado dele, a despeito de como ele esteja se sentindo naquele dia. Precisa de alguém que se comprometa a destiná-lo ao sucesso tanto no trabalho quanto em casa.

Infelizmente, nem todos os homens descreveriam sua esposa como a maior líder de torcida em sua vida. Veja esses comentários de homens que participaram de nossas pesquisas:

- "Meu único desejo é que minha esposa entenda que minha profissão não funciona na rotina típica das nove da manhã às cinco da tarde. Rebecca se ressente comigo quando meu *pager* toca e eu preciso ir trabalhar, principalmente nos dias em que fizemos planos especiais. Consigo compreender o desapontamento dela. Também fico desapontado por precisar deixar minha família. Mas não facilita as coisas ter de voltar para casa sabendo que minha mulher está brava comigo."

- "Convido Kate para ir comigo nas viagens a trabalho para fora da cidade sempre que possível, mas ela diz que prefere ficar em casa a estar comigo e se sentir ignorada, já que minhas atenções se concentram no evento ou nas pessoas com quem interajo. Ela parece ter ciúmes do tempo que passo com os clientes, mas isso faz parte de minha profissão, e é assim que tiro o sustento da família. Gostaria que ela deixasse de sentir que precisa competir pelo meu tempo e atenção. Meu coração fica partido por ter de deixá-la em casa amargando o fato de eu estar viajando *mais uma vez*."
- "Tenho sentido de forma profunda o chamado de Deus para deixar minha prática como cirurgião ortopedista e servir como missionário em países estrangeiros. Laura se recusa até mesmo a orar sobre o assunto ou a considerar que Deus pode estar nos conduzindo nessa direção. Ela afirma que deseja que eu coloque a família em primeiro lugar, mas penso que isso seria, no final das contas, uma coisa muito boa para nossa família, pois teríamos a chance de viajar e ajudar pessoas extremamente necessitadas. Não consigo deixar de pensar se a questão não é, na verdade, o alto salário de que estaríamos abdicando para sermos missionários, e isso me faz sentir que ela prefere que eu sirva a ela a que eu sirva a Deus."

Como esses relatos indicam, os homens anseiam pelo apoio, compreensão e encorajamento da esposa no que se refere a sua carreira ou ao chamado para o ministério.

E você? Já ficou magoada por causa da profissão de seu marido? Com ciúmes das coisas que ele faz? Inflexível para que ele mudasse ou não mudasse de carreira por causa do impacto que isso teria sobre você?

Acredito que há situações nas quais a esposa precisa, com gentileza, se posicionar, especialmente se o marido é *workaholic* ou ignora de forma regular as necessidades da família. Mas, se você é como eu, há momentos em que nossa insatisfação é fruto do egoísmo ou do ciúme pelo tempo e energia que o marido dedica à carreira, já que isso o tira de perto de você.

Nesses momentos, pense na seguinte situação: se seu esposo estivesse desempregado e vocês não tivessem salário para viver, a situação que ele vive hoje seria para você uma mudança bem-vinda, para que a família tivesse um teto para viver e comida na despensa? Não quero ser melodramática, mas precisamos colocar as coisas na perspectiva correta. Da próxima vez que ficar ressentida por causa da carreira de seu marido, pergunte se sua reclamação é legítima e se é possível fazer alguns ajustes. Se esse for o caso, exponha suas preocupações de forma calma e respeitosa. Por exemplo, você pode começar dizendo: "Querido, será que podemos sentar e analisar como está nossa vida agora e conversar sobre o que é mais importante para cada um de nós e nossa família?". Se você se der conta de que não é possível fazer ajustes por qualquer razão que seja, saiba que seu marido precisa de seu apoio e encorajamento muito mais do que de sua mágoa. Faça o que estiver a seu alcance para deixá-lo ciente de que você é sua fã número um, que quer vê-lo bem-sucedido no trabalho e se sentindo bem quanto à capacidade de prover para a família. Ele sempre vai querer voltar para casa com uma líder de torcida como essa lá dentro.

É claro que existem cada vez mais famílias em que o pai fica em casa e a mulher trabalha fora, recebendo um salário suficiente para prover para toda a casa. Se esse é o seu caso, espero que encoraje seu marido com amor, da mesma maneira que desejaria o apoio dele, caso você fosse a pessoa a ficar em casa. Não espere uma casa perfeita e se disponha a ajudá-lo quando necessário em suas horas de folga. Tenha sensibilidade suficiente para saber que às vezes é difícil para ele lidar com o *status* de ser do lar (assim como é difícil às vezes para as mulheres) e elogie-o por sua disposição em deixar de lado os papéis tradicionais para servir de todo o coração às necessidades da família.

Depois de toda essa discussão, você está disposta a ver seu marido ser bem-sucedido no trabalho, esteja ele rotineiramente num escritório sofisticado, num local de trabalho fora, na estrada ou coordenando as coisas em casa? Você quer que ele se sinta bem acerca de sua contribuição à sociedade? Você deseja ver os sonhos de carreira dele se tornarem realidade para o benefício de sua autoestima e da família? Com certeza, nós esperamos que sim.

Um marido precisa de uma líder de torcida para lhe dar ânimo não apenas em relação a suas responsabilidades de trabalho, mas também no que se refere a suas paixões nos momentos de lazer. Você conhece seu esposo bem o suficiente para saber que tipos de atividades e interesses o animam e renovam? De que ele necessita para se sentir vivo e animado com a vida? Infelizmente, tive de aprender isso da maneira mais difícil.

Roubando a alegria dele

Greg e eu nos aproximamos pela primeira vez durante um passeio da classe da escola bíblica dominical para ir ver um jogo de beisebol do Texas Rangers. Nós não nos conhecíamos há muito tempo, mas eu sabia que estava atraída por ele. Nunca me esquecerei da expressão no rosto dele quando eu disse:

— Vou ter de voltar à *van* para pegar uma coisa, mas guarde um lugar *do seu lado*, tudo bem?

— Ah, tudo bem! — ele respondeu, com um olhar surpreso e um sorrisinho fofo.

Quando me sentei ao lado dele na arquibancada, Greg já estava com o chão cheio de cascas de amendoim, quase até a altura do tornozelo, e se ofereceu para dividir os amendoins comigo. Durante os primeiros turnos do jogo, ele me disse que teria de sair mais cedo porque iria jogar *softball* naquela noite. Respondi que tinha uma consulta médica muito cedo na manhã seguinte e que poderia sair junto com ele, se não se importasse de me dar uma carona. Em vez de me deixar em meu apartamento, ele perguntou se eu gostaria de ir com ele para assistir ao jogo. Meu plano subliminar havia funcionado! Uma saída em grupo estava se transformando rapidamente em um encontro só nosso.

Fiquei vendo, maravilhada, Greg jogar na primeira base. Com 1,97 metro de altura e uma envergadura incrível, ele mantinha um pé na base e conseguia alcançar o que parecia quase a metade do caminho até o local onde ficava o lançador, para pegar as bolas e os corredores do time adversário. Durante nosso namoro, passei a maior parte dos sábados e pelo menos uma noite por semana nas arquibancadas, torcendo pelo time de Greg. Ele adorava ter sua própria líder de torcida, e eu amava vê-lo jogar.

Entretanto, tudo mudou depois que nos casamos e tivemos filhos. Hoje percebo que passei a me ressentir por Greg possuir um *hobby* recreativo que ele tanto amava, enquanto eu tinha de ficar cuidando das crianças. Quando ia aos jogos, minha atenção saía da primeira base para me certificar de que meu filho bebê não iria escapulir por entre as arquibancadas e cair no chão de concreto, ou vigiar minha filha, garantindo que ela não sairia correndo em direção ao pai para ganhar um abraço no meio do campo, num momento perigoso. Eu até trocava fraldas naqueles assentos frios de aço. Meus bebês pareciam nem ligar, mas eu me importava. Passei a detestar ir aos jogos.

Houve também outro motivo que me fez perder o fervor por sentar ao lado do campo nos jogos de Greg. É uma razão que me sinto envergonhada de admitir, mas sei que se trata de um fator definitivo. Minha atenção não se desviava de Greg apenas por causa das crianças, mas também se dirigia às minhas inseguranças, quando eu ficava me comparando às outras esposas que iam aos jogos de *softball*, especialmente as que ainda não tinham filhos. O corpo delas estava intocado por estrias e pelos quilinhos extras pós-gravidez. Elas usavam roupas lindas e justas que valorizavam o corpo firme, as curvas e a pele bronzeada. Eu me sentia desleixada e intimidada. Não gostava do que via quando me comparava às outras esposas, de modo que não queria ficar perto delas por causa das emoções negativas que minha inveja despertava.

Comecei a ficar em casa e a deixar Greg ir sozinho aos jogos cada vez mais, mesmo com ele insistindo para que eu fosse vez após vez. Eu pensava que estava deixando bem clara minha posição sobre o assunto quando me recusava a ir, mas, depois de um tempo, passei a detestar o som da porta se fechando e do carro partindo, enquanto eu ficava em casa com as duas crianças. Não gostava de que ele fosse aos jogos porque queria que ficasse em casa comigo e dava um jeito de fazer que ele soubesse disso muito bem antes de ir embora. Parecia para mim que o *softball* era uma prioridade muito maior para Greg do que nossa família e me sentia traída. Comecei a encarar o *softball* como uma amante a quem ele era mais fiel do que a mim. Era incapaz de reconhecer que o *softball* era o escape de que meu marido necessitava desesperadamente para recarregar suas baterias físicas, mentais e emocionais.

Então, certa noite de sábado, tudo isso veio a minha mente. O time de Greg estava no torneio final. Isso significava que, enquanto eles vencessem, continuariam jogando. Fiquei desejando em segredo que o time dele perdesse, para que ele voltasse para casa e ficasse conosco, mas ele ficou fora o dia inteiro. Finalmente, ele chegou em casa às nove da noite, coberto de terra vermelha dos pés à cabeça e com um grande sorriso no rosto. Disse rapidamente que não estava em casa para ficar. Só comeria um sanduíche e voltaria, pois eles jogariam novamente às 22 horas. Havia uma grande chance de seu time ganhar o campeonato e levar o troféu de primeiro lugar. Não consegui demonstrar nenhuma animação com a notícia. Só conseguia pensar no fato de que ele ia sair *de novo*! Então, anunciei:

— Vou para a casa de meus pais e vou levar as crianças. Você ama o *softball* mais do que à sua família, então tudo bem! Fique lá com seus amiguinhos e jogue bola!

O entusiasmo de Greg deu lugar à desolação. Ele não conseguia imaginar que eu o deixaria por raiva dessa situação e iria para a casa de meus pais passar a noite. Ele implorou para que eu não saísse. Como isso não me impediu, ele se esparramou no chão diante da porta e disse:

— Não vou permitir que você me deixe por causa disso! Podemos resolver essa situação e é isso que vamos fazer!

Fiquei estupefata ao ver sua humildade em sc jogar em frente à porta para impedir que eu o abandonasse.

Quando a temporada de *softball* chegou novamente, Greg disse aos amigos que estava muito ocupado para poder se comprometer com o time. Ele até mesmo parou de assistir a esportes na televisão, e essa foi uma mudança drástica. Greg costumava assistir a jogos de futebol americano todos os domingos à tarde, mas se desvencilhou tão fortemente dos esportes a ponto de não saber que times estavam na final do campeonato ano após ano.

Durante os vários anos que se seguiram, Greg se transformou num abstêmio, sem jogar ou assistir a qualquer esporte, em submissão a meus desejos. Mas ele também estava morrendo no meio do caminho. Sem a válvula de escape que encontrava no *softball*, Greg estava mais estressado com o trabalho e menos animado com a vida. Na época, não relacionei a mudança em meu marido com sua saída do mundo dos esportes. Mas, se eu estivesse mais comprometida em entender o coração de Greg e em satisfazer suas necessidades, teria percebido que, apesar de ter obtido sucesso em fazê-lo passar mais tempo com a família, eu o havia depreciado devido ao seu amor pelos esportes e feito que ele se sentisse culpado. Acho mesmo que tirei seu coração para fora e pisei nele.

Alguns anos depois, quando nosso filho estava com sete anos de idade e desenvolvendo o gosto pelo basquete, eu encorajava constantemente meu marido a sair junto com ele para treinar algumas cestas. Queria que Greg e Matthew se sentissem conectados, passando tempo de qualidade juntos. Quando eles assistiam a um jogo de basquete da liga universitária, não reclamava por estar perdendo o programa sobre decoração no canal de casa e jardim. Eu até ia feliz com Greg e as crianças assistir a vários jogos de basquete profissional.

Certo dia, tudo ficou claro para mim e perguntei a Greg: "Como foi para você se abster dos esportes durante todos aqueles anos em que eu resmungava constantemente por causa disso?". Bingo. Acertei bem na ferida. Ele explica como meu ciúme o afetou:

> Eu já jogava *softball* muito antes de Shannon e eu nos conhecermos. Era uma parte divertida de minha vida e me fornecia uma válvula de escape para a agressividade acumulada, além de ser uma oportunidade para desenvolver amizade com outros homens. É complicado explicar como deixar os esportes afetou minha vida, porém não acho que isso tenha ajudado nosso casamento. Posso ter mostrado a Shannon que ela era, de fato, minha prioridade número um, mas me tornei uma pessoa de convivência muito mais difícil. Para começar, comecei a nutrir um ressentimento em relação a ela, que crescia cada vez mais em meu coração, por sua falta de compreensão da importância vital dos esportes em minha vida. Sentia-me incompreendido e magoado. Parecia que minha esposa tinha me enganado. Por que eu tinha de crucificar meu amor pelo *softball* para fazê-la feliz se esse esporte foi uma das primeiras coisas que a fez se sentir atraída por mim? Tudo isso era muito confuso. O primeiro ano em que Shannon começou a ir aos jogos foi meu melhor ano em desempenho. Fiz minha primeira *home run* e adorava ter minha garota na arquibancada, dedicando sua atenção a meu desempenho.
>
> No entanto, quando Shannon parou de assistir aos jogos, grande parte da alegria se foi. Além disso, eu precisava lidar com a catástrofe de voltar para casa e encontrar uma esposa brava, amargurada. A princípio, tentei debater e mostrar meu lado, mas minhas habilidades de argumentação nunca foram muito boas, enquanto as de Shannon eram excelentes. Assim, nunca conseguia levá-la a compreender minha frustração. Ela só parecia se importar com *meu* entendimento da frustração *dela*.
>
> Decidi abandonar o *softball*, mas porque me senti forçado a fazê-lo. Embora passasse mais tempo em casa, meu coração não estava lá. Não sentia alegria alguma. O poderoso jogador saíra de campo.

Arrependo-me profundamente de ter tirado de Greg sua alegria em jogar *softball* ao longo daqueles anos de nosso casamento. Eu o estava condenando por amar uma coisa com afinco e realizá-la bem. Que situação triste! Além disso, sinto grande tristeza ao pensar nas várias lembranças maravilhosas que nossos filhos colecionariam se tivessem crescido assistindo ao pai fazer várias *home runs* e parar diversos jogadores na primeira base, como eu havia visto tantas vezes durante os primeiros anos de nosso relacionamento.

Embora não possa voltar no tempo, posso deixar Greg saber que ele conta com meu total apoio quando quiser praticar esportes ou assistir a um jogo hoje em dia. As coisas são muito diferentes agora. Ele joga basquete todas as segundas e sextas, mas o faz na hora do almoço. Assim, não sacrifica o tempo precioso com a família. Esse grupo de jogadores considera o tempo em quadra como um "momento entre homens", que é crucial para a semana deles. Se Greg falta a um ou dois jogos, sente que o estresse está se acumulando e sai para cortar lenha ou fazer outra atividade para compensar. Como a maior parte dos homens, ele sente a necessidade genuína de participar de algum tipo de atividade física intensa com regularidade.

Há pouco tempo, fui até o ginásio durante o horário de almoço de Greg e me sentei na lateral da quadra para vê-lo jogar. Ele me disse que o simples fato de saber que eu o estava vendo e admirando o ajudou a jogar melhor naquele dia, melhor do que na época dos vinte e poucos anos! Os caras ficaram brincando sobre como ele estava se exibindo para sua líder de torcida pessoal, mas depois vários comentaram sobre como desejavam que sua esposa também fosse lá vê-los jogar (uma surpresa que planejamos e fizemos algumas semanas depois!).

Greg também assiste a alguns jogos na televisão, mas tentamos fazer disso um momento em família, com pipoca e todos aconchegados no sofá. Este ano ele assistiu à primeira final do campeonato de futebol americano depois de dez anos, e aproveitamos cada minuto do jogo, pois eu não estava tentando fazê-lo sentir culpa por estar me negligenciando.

É claro que, se seu marido joga *softball* várias vezes por semana e durante o fim de semana, ou passa o sábado inteiro no campo de golfe, o gosto dele por esportes está além do limite do equilíbrio. Contudo, na maioria das vezes, os dois serão capazes de chegar a um acordo, se você expressar sua preocupação de forma calma e respeitosa.

Talvez seu marido não seja apaixonado por esportes, mas tenha outra atividade que lhe concede um sentimento de alegria e satisfação. Talvez ele goste de ir ao campo caçar, pescar, de mexer no jardim, de passar tempo concentrado num novo programa de computador ou de se trancar num cômodo da casa com seu violão ou outro instrumento musical. Qualquer que seja o passatempo de seu marido, eu a encorajo a não levar a paixão dele para o lado pessoal. Não se transforme numa inimiga, presumindo que ele usa os passatempos para escapar da família (é muito provável que isso não seja verdade). Ao contrário, encoraje-o a fazer o que ele ama e o energiza. Quando permitimos ao esposo ter esse tipo de escape, nós o inspiramos a voltar para casa muito mais feliz, com grande desejo de se conectar emocionalmente conosco.

Uma das maneiras mais rápidas de uma esposa apagar a chama da paixão no coração do marido é saindo de perto dele. Portanto, faça o que for possível para ajudar seu esposo a sentir seu amor e apoio, esteja ele no trabalho, em casa ou fazendo algo que ama. Seja a pessoa que o conhece melhor, que o ama mais e que o anima a cada curva do caminho.

9 Comparando maçãs com laranjas

Quer nas aulas de economia doméstica no ensino médio, quer como universitários famintos, a maior parte de nós aprendeu cedo na vida a comprar por comparação. Lembro-me de ter ido, quando adolescente, de revendedora em revendedora procurando o carro ideal, de ter devolvido um par de calças *jeans* por ter encontrado o mesmo modelo mais barato em outra loja e até de ler a revista *Consumer Reports* [Opinião do Consumidor] antes de comprar o primeiro computador. Aprender a arte de comparar e contrastar nos transforma em compradores muito mais espertos.

No entanto, a arte de comparar pode se tornar uma maldição em nossos relacionamentos, em especial no casamento.

Por que você não pode ser como o...?

Um dos piores erros que já cometi foi certa vez dizer a Greg, no começo de nosso casamento:

— Você não parece aproximar-se de mim com a paixão desenfreada a que estou acostumada. Se você fosse mais cheio de entusiasmo ao me tirar do chão e levar para a cama, eu estaria mais disposta a fazer o que quer.

Ele respondeu em tom gentil, mas muito firme:

— Shannon, nunca me compare a outro homem com quem você nem deveria ter mantido relações sexuais em primeira mão!

Foi outro momento doloroso na vida de Shannon Ethridge, mas uma chamada de atenção muito necessária, mostrando quanto eu estava sendo injusta ao comparar Greg a um namorado do passado. Se a situação fosse contrária e Greg dissesse algo do tipo: "Sabe, você não é tão magra nem tão bonita quanto outras garotas por quem já me senti atraído. Se você perdesse uns quilinhos e se arrumasse um pouco mais, eu seria muito mais atencioso", eu sentiria meu coração cortado em pedaços. Tenho certeza de que, naquele momento, foi assim que ele se sentiu.

Depois de refletir muito, percebi que o homem com quem comparei Greg era um conquistador, e, certamente, eu não fui a única mulher a quem ele conquistou. Ele tivera anos de experiência em elogiar e levar mulheres para jantar, e havia várias ex-namoradas e ex-esposas para comprovar esse fato. Se eu tivesse permanecido nesse relacionamento, não seria capaz de confiar nele nem um pouco.

Greg, por sua vez, era virgem quando nos casamos. Ele não tinha experiência sexual anterior, e isso porque estava se guardando para *mim*. Tudo o que podia faltar no departamento de suavidade e sedução, era compensado na área da confiança. Quando estávamos namorando, nunca precisei me preocupar se Greg estava olhando para outra mulher ou se eu era apenas outro troféu nas suas conquistas de relacionamentos. Ele me provou isso quando me observou entrando na igreja com um vestido branco que graciosamente mascarava todos os amargos erros sexuais que eu cometera muito antes de conhecê-lo. Ele não fugiu quando lhe confessei todo o meu passado sórdido antes de ficarmos noivos. E eu havia descido tão baixo a ponto de compará-lo a um homem que não valorizava nem um pouco a pureza sexual — nem a minha, nem a dele. *Eca!*

Infelizmente, não sou a única esposa a cair na armadilha de comparar o marido com outros homens. Veja os comentários a seguir e pergunte a si mesma se já teve esse sentimento de alguma forma:

- "O marido dela a leva para sair todas as semanas, manda flores e cartões com frequência. Por que você não faz mais essas coisas para mim?"
- "Por que você não é habilidoso em casa como meu pai? Ele teria consertado aquele defeito num instante!"
- "Sinto-me muito especial quando meus colegas de trabalho tiram um tempinho para conversar comigo e perguntar como vai meu dia. Por que você não demonstra o mesmo interesse?"
- "Ele deve mesmo amar a esposa pelo jeito de cuidar do gramado da casa. Como você pensa que nosso jardim me faz sentir?"

Comparar o marido com outros homens é apenas parte do problema. Algumas vezes, nós também nos colocamos sob o microscópio da comparação.

"Eu queria ser tão bonita quanto..."

Quase todas nós encontramos alguém na vida que nos leva a fazer comparações prejudiciais, como a *personal trainer* cheia de vida da academia, a vizinha que é uma dona de casa feliz e sorridente, que guarda todas as fotos da família em *scrapbooks* superelaborados e corta o sanduíche dos filhos em formato de estrela, ou as rainhas do *glamour* e da sensualidade que enchem de graça as telas do cinema. Para Jamie, a tentação de fazer comparações pode surgir de todos os ângulos. Ela declara:

> Quando meu marido me leva para sair, não consigo evitar ficar observando as outras mulheres no restaurante e ver se elas são mais altas, mais baixas ou mais bonitas que eu. Se eu estiver acima da média, me sinto meio que cheia de orgulho. Se não, fico extremamente constrangida e concentrada em mim mesma, e não em meu esposo. Em seguida, ele geralmente me leva para o cinema, mas detesto como me sinto no final da sessão. Mulheres como Julia Roberts e Sandra Bullock estão sempre fantásticas, mesmo nos momentos mais difíceis na tela. Quando eu era mais nova e mais magra, celebridades femininas não me intimidavam tanto. Mas agora que estou na faixa dos quarenta, é difícil não ficar deprimida ao olhar para o espelho e me dar conta de que essa será minha melhor aparência daqui para a frente.
>
> Quando vou à academia e tento fazer algo positivo para mudar meu corpo (pela milionésima vez), é impossível não reparar nos corpos magros e tonificados que só me lembram de como eu deveria ter cuidado melhor de mim mesma quando tinha vinte ou trinta anos.

Mulheres de todas as idades podem identificar-se com os sentimentos de Jamie. É fácil ficar nos comparando a outras mulheres e ruminando sobre todas as maneiras em que somos inferiores. Como mencionei antes, um dos principais motivos pelos quais não queria mais ir aos jogos de *softball* do Greg era justamente o fato de me sentir inferior a outras esposas "mais bonitas". Quando fazemos isso, roubamos de nós mesmas a paz, a alegria e a confiança. Também colocamos o marido em situações extremamente difíceis quando imploramos por afirmação por meio de perguntas como: "Eu sou tão bonita quanto ela? Tão boa cozinheira? Tão boa dona de casa?". A maior parte dos homens é inteligente o bastante para saber que a resposta a esse tipo de pergunta deve sempre ser: "É claro, querida!". Então, não perca tempo fazendo essas perguntas a seu marido. Elas apenas ampliam suas inseguranças, tanto aos seus olhos quanto aos olhos de seu esposo. Isso também coloca sobre os ombros dele o fardo da responsabilidade de fazê-la se sentir bem acerca de si mesma. Mas esse é um presente que somente *você* pode *se* dar.

Para sermos justas com nosso marido, também precisamos falar sobre outro tipo de comparação que leva muitos homens à loucura.

Desejando um padrão de vida cada vez mais elevado

Greg muitas vezes já se sentiu confuso por causa de meus desejos conflitantes. Por um lado, eu ficava lhe dizendo como queria que ele passasse mais tempo com a família e, por outro, dizia que desejava um padrão de vida mais elevado. Greg descreve como isso causava impacto sobre ele e nosso relacionamento:

> Um dos meus maiores desafios como marido e pai é encontrar um equilíbrio saudável entre passar tempo com a família e, concomitantemente, investir tempo suficiente na carreira para ser capaz de prover o padrão de vida que Shannon deseja. Quando tivemos nossa primeira filha, Shannon queria ficar em casa para poder se dedicar a ela, e eu desejava que esse sonho dela se tornasse realidade. Trabalhei duro para ter certeza de que estava subindo os degraus corporativos e poderia dar conta de cobrir as despesas sempre crescentes da paternidade. Estabelecemos um orçamento apertado, e ele funcionava bem. Porém, depois que o bebê número dois chegou, Shannon quis se mudar para uma casa maior. A casa em que morávamos na época tinha espaço suficiente para uma jovem família composta por quatro pessoas: três quartos e dois banheiros. Portanto, eu pensava que nós precisávamos era de menos coisas, e não de mais espaço.
>
> Quando a casa mais bonita da vizinhança ficou à venda, eu sabia que ficaria em apuros. Ela tinha quatro quartos e dois espaços para sala. Mas custava cinquenta mil dólares a mais do que a casa onde vivíamos. Quando fomos dar uma olhada, sabia que Shannon já estava mais do que decidida. A dona era

uma decoradora de interiores que havia planejado cada detalhe daquela casa com inspiração em uma maravilhosa casa de campo localizada em Williamsburg. A casa era seu "cartão de visitas" para atrair clientes. Novamente, eu queria fazer que o sonho de Shannon se tornasse realidade, de modo que nos decidimos arriscar e comprá-la. Quando nos mudamos, percebemos que nossa decoração não combinava muito com o charme colonial da nova casa, então começamos a substituir móvel por móvel, o que apertava ainda mais nossas finanças. Com dois bebês em casa, não fazia sentido para Shannon pagar uma babá para que ela pudesse trabalhar fora e ajudar financeiramente. Por isso, todo o fardo recaía sobre meus ombros.

Então, no segundo ano em que estávamos na nova casa, Shannon começou a cantar a música: "Você não satisfaz minhas necessidades emocionais!". Fui pego bem no meio das expectativas dela. Como eu poderia suprir suas necessidades emocionais se tinha de trabalhar mais do que o normal para conseguir bancar o padrão de vida que ela desejava? Por mais que aquela casa fosse linda, tenho poucas memórias boas do tempo em que moramos ali. Shannon se sentia miseravelmente solitária por causa do tempo em que passava apenas na companhia das duas crianças, e eu me sentia miseravelmente preocupado no trabalho, pensando em como seria capaz de comprar todos os móveis que desejávamos e ainda assim manter as finanças em ordem.

Preciso concordar com Greg. Eu amo a beleza daquela casa estilo Williamsburg, mas os três anos em que vivemos lá foram de longe os mais difíceis de nossos dezesseis anos juntos. O desejo por mais coisas para encher a casa e a pressão sobre nosso orçamento resultaram em discordâncias demais e muita falta de conexão emocional.

Lembre-se, a maior parte dos homens não precisa de muitas coisas para ser feliz. Greg era perfeitamente feliz no apartamento quase vazio onde morou durante dois anos antes de nos casarmos. Embora eu tenha aprendido a decorar com pouco dinheiro, a lição mais importante que aprendi foi que a felicidade genuína não vem de possuir coisas melhores ou uma casa maior. A felicidade é encontrada no amor que nutrimos um pelo outro e nas lembranças que cultivamos como família.

A chave para o contentamento

Como se livrar dessas comparações que alimentam o descontentamento? O oposto de comparar e reclamar é, obviamente, estar contente com o lugar onde você está e as coisas que tem. É se recusar a permitir que sonhos irreais sobre o futuro a impeçam de perceber que o hoje está, na verdade, muito bom. Não estamos dizendo que é errado querer melhorar sua situação atual, seja ajudando seu marido a se tornar uma pessoa melhor, seja aperfeiçoando-se para poder ter mais paz consigo mesma, seja atualizando o lugar onde você vive para torná-lo mais propício a criar boas memórias. Esforçar-se para realizar mudanças positivas é algo muito bom, contanto que isso não aconteça à custa da unidade conjugal, como nos casos que descrevemos neste capítulo.

A chave para o contentamento não é tentar fazer seu marido parecer mais com o sr. Fulano ou ter uma casa tão bonita quanto a de alguém no quarteirão. Ela se encontra em evitar comparações prejudiciais e ser grata por aquilo que você *já* tem.

Dando a si mesma o presente do reconhecimento

Em lugar de olhar para os outros para nos sentirmos bem acerca de nós mesmas, podemos tentar olhar para cima para descobrir a opinião de Deus e também para dentro, reconhecendo as coisas de que gostamos e que apreciamos a nosso respeito. Você também pode tentar os seguintes exercícios:

- Faça uma lista de dez coisas de que gosta em si mesma. Tente pensar em aspectos variados, como qualidades físicas, mentais, emocionais e espirituais.
- Leia vários versículos de Provérbios, sublinhando os textos positivos da Bíblia que descrevem você (concentre-se em passagens encorajadoras, como a mulher de Provérbios 31, em vez de textos desalentadores, como a mulher adúltera de Provérbios 5!). Agradeça a Deus pela sabedoria que ele lhe deu como sua filha.
- Faça uma lista das bênçãos maravilhosas de Deus em sua vida (coisas que ele fez por você, pessoas especiais que colocou em sua vida) e depois crie um "Jardim das Bênçãos". Gosto de colocar pedras ao

Se você está lendo este livro, é bem provável que tenha um marido, algo que a maioria das mulheres solteiras adoraria ter. Se tem condições de se levantar e se movimentar, faça isso com o coração alegre, agradecendo a Deus por sua boa saúde. Se tem filhos, seja grata porque não está entre os milhares de mulheres que lutam com a infertilidade mês após mês. Se você tem um teto sobre a cabeça, comida na despensa e combustível no carro, já está entre as pessoas mais ricas do planeta, se comparada com a população de diversos países.

Da próxima vez que se sentir tentada a comparar maçãs com laranjas ou sua situação com outra aparentemente melhor, lembre-se de que Deus elaborou essas bênçãos especialmente para você e para o momento em que vive. Ele lhe concedeu um tamanho, forma e personalidade únicos, tudo isso para ser usado para a glória dele, e não para a sua. Ele lhe presenteou com um marido maravilhosamente especial e talvez com filhos também, junto com algumas falhas de caráter que servem como grandes lembretes de que ninguém é perfeito em

redor de uma árvore, mas você pode plantar flores em algum lugar. Para cada bênção, coloque uma pedra ou flor num arranjo bonito ou ao redor de uma árvore. Cada vez que andar por esse lugar, sorria e se lembre da mulher abençoada que você é!

- Dedique uma tarde ou noite para fazer algo que você ama, mas faça sozinha. Algumas boas ideias são caminhar, ler, ouvir música, desfrutar da atividade de lazer preferida e assim por diante. Aproveite o tempo de qualidade com sua companhia mais íntima aqui na terra (você mesma!).
- Da próxima vez que for praticar exercícios, pense em todas as coisas que faz com o grupo muscular que está sendo trabalhado. Por exemplo, seus braços pegam os filhos ou abraçam o marido. Suas pernas a levam até a igreja. Seus olhos leem a Palavra de Deus e fazem os outros se sentirem bem quando você olha na direção deles com um sorriso. Acho que deu para entender. Cada músculo que trabalhar, agradeça a Deus por permitir que você seja um templo do Espírito Santo. Seja grata a ele por cumprir sua obra por meio de você.

tudo. Ele a abençoou com uma casa confortável onde você pode encontrar um refúgio do mundo e colecionar memórias que aquecerão seu coração mais e mais a cada aniversário que acontece em sua vida.

Nada pode se comparar à alegria de encontrar contentamento nesses presentes notáveis que Deus derrama graciosamente sobre nós. Demonstrar essa alegria é um segredo para acender a chama de seu marido por você. Pergunte a qualquer esposo cuja mulher aprendeu a arte do contentamento, em vez da artimanha da comparação. Certamente ele lhe dirá que é um homem feliz.

10 Casado com a Sra. (Sempre) Certinha

Uma das frases mais engraçadas que já ouvi foi dita por um senhor bem velhinho, numa casa para idosos, que brincou: "Sessenta anos atrás, eu me casei com a Sra. Right.[1] O que eu não sabia na época é que o primeiro nome dela era 'Sempre'!".

Embora isso me tenha parecido bonitinho no momento, é algo que sempre me volta à mente para me condenar, porque luto contra o desejo de controlar as coisas e pessoas em minha vida. Eu até costumava dizer brincando para os amigos: "Greg manda no galinheiro, mas eu mando no galo!". Greg era o principal provedor. Ele pagava todas as contas e cuidava das tarefas de manutenção da casa. Ainda assim, eu queria ter a palavra final sobre tudo. *Desejava* controle desesperadamente, muitas vezes porque me sentia bem *fora de controle*.

Isso lhe parece familiar?

Embora eu tenha ficado muito mais segura comigo mesma e em relação ao casamento ao longo dos anos, não posso afirmar de forma honesta que o desejo de controlar é algo que ficou no passado para mim. É por isso que me sinto de certa forma condenada quando leio alguns *e-mails*. Marty, casado há oito anos, escreve:

> Minha mulher parece pensar que o jeito dela é a única forma de fazer as coisas, em especial no que diz respeito a cuidar da casa e educar os filhos. Ela não me permite nem ter ideias próprias quanto a alguma coisa que temos de fazer. É *ela* quem decide qual é o caminho. Ela se irrita quando eu uso um pano diferente para limpar o pó do que o normalmente usado por ela. Faz tanta diferença

> assim, desde que eu tire o pó dos móveis? Certa vez, coloquei um aromatizador de ambiente em nosso banheiro, mas ele não tinha o cheiro que ela usa sempre naquele cômodo da casa, então ela me pediu de forma grosseira para não "misturar" aromas diferentes. Como eu deveria saber? Tenho um pouco de mania de organização e às vezes tiro tempo para organizar a despensa, mas depois ela briga comigo dizendo que não consegue encontrar nada. Sinto como se o único jeito de agradar a ela fosse ficar calado e deixá-la me dizer o que fazer e como fazer. Mas que homem consegue se sentir bem a respeito de si próprio quando age como uma galinha morta?

Marty diz algo muito importante nesse *e-mail*. Nenhum marido consegue ler a mente da esposa, e ele pode ter ideias próprias sobre como prefere realizar certas tarefas. Contanto que tudo seja feito, será que as coisas precisam ser efetuadas do *nosso* jeito? Apenas se quisermos que nosso esposo se ressinta de ter de nos ajudar.

Aqui está outro exemplo de uma reclamação masculina típica. Brent, casado há trezes anos, explica:

> Minha esposa, Alicia, parece gostar de uma boa briga e sempre precisa ter a última palavra, mesmo se for murmurando pelas minhas costas quando estou saindo do ambiente. Alguns de seus comentários me deixam furioso: "Bem que eu lhe disse" ou "Isso é o que vamos ver" ou mesmo zombar de minhas últimas palavras de forma extremamente infantil. Se eu responder, sei que a discussão vai durar ainda mais tempo e piorar as coisas, mas não consigo deixar de me perguntar por que ela sente que precisa ter a palavra final todas as vezes.

Essas coisas soam familiares? Em caso afirmativo, qual seria o motivo que a leva a desejar ganhar a discussão todas as vezes ou ter a última palavra em tudo? É para que você se sinta superior? Mais inteligente ou articulada? Estaria você fazendo uso de comportamento infantil porque não aprendeu a lidar com conflitos de maneira mais adulta? Ou você tenta magoar seu esposo para sentir que fez justiça ou deu a paga por sua própria dor?

Quando insistimos em ter a última palavra, não resolvemos nenhuma desavença. Apenas a consolidamos na mente do esposo quando ele sai se sentindo ressentido e desrespeitado. Tenho certeza de que você vai concordar comigo: ganhar uma briga não é nem de perto tão importante quanto ganhar de forma definitiva a admiração e a afeição de seu esposo. Jack, casado há menos de três anos, escreve:

> Minha mulher se esconde, com frequência, por trás de uma máscara de espiritualidade. Quando discordamos sobre como algo deve ou não deve ser feito, ela diz algo do tipo: "Bem, eu orei a esse respeito, e você?", ou então: "Eu realmente sinto que Deus está dizendo...". Acredito que ela é capaz de ouvir a voz de Deus, mas ela me trata como se eu não fosse. É claro que eu desejo que ela se submeta a Deus em primeiro lugar, e não a mim, mas odeio quando ela tira da manga a "carta divina".

Tome cuidado para não tirar da manga a carta divina, como Jack expressou de forma tão eficaz. Para muitas mulheres, essa é simplesmente uma maneira espiritualizada de controlar o marido. Se esse for o caso, você já imaginou como Deus se sente ao nos ver usando o nome dele para justificar nossas tentativas de controlar o esposo? Precisamos nos lembrar, com humildade, de que nosso marido cristão pode ouvir a voz de Deus da mesma forma que nós, e sempre existe a possibilidade de que o Senhor fale algo a nosso marido que ainda não nos foi dito.

Finalmente, se você insiste em ter tudo "perfeito" antes de receber visitas, é possível que sinta uma pontada de condenação ao ler as palavras de Rick:

> A coisa que mais me deixa frustrado com minha esposa é como ela fica desesperada quando nem tudo está absolutamente perfeito antes de recebermos alguma visita. Isso me faz odiar abrir nossa casa para alguém. Ela normalmente me faz ficar feito um louco, correndo pra lá e pra cá, fazendo mil coisas. Mas, se eu não for rápido o suficiente ou, Deus não permita, esquecer algo, ela fica furiosa. Eu não sou um marido ruim se de vez em quando deixar escapar alguma coisa, sou?

Não, Rick, certamente não. Greg deu risada quando leu esse *e-mail*. Infelizmente, ele tem a dolorosa familiaridade com os padrões perfeccionistas de uma esposa prestes a receber visitas. Certa vez, eu gritei: "Pare de deixar marcas pela casa toda!", só porque ele amassou ligeiramente nossa colcha depois de sentar na cama para tirar os sapatos. Em outra ocasião, fiquei zangada porque Greg insistia em apagar as luzes que eu ligara para criar um clima no ambiente para nossa visita. Outra vez, fiquei nervosa porque ele se esqueceu de tirar uma pilha de cocô de nosso animal de estimação da varanda antes de os convidados chegarem. Não sinto orgulho por essas explosões, mas aprendi um segredo. Se é de extrema importância para mim que Greg faça uma série de coisas antes da chegada das visitas, faço uma lista para ele um dia antes. Assim, ele pode separar tempo para isso e não precisa se preocupar em não esquecer algo que eu pedi.

Ora, por que nós ficamos tão controladoras quando estamos prestes a receber convidados? Porque queremos que nossas visitas se sintam especiais. No entanto, também creio que seja uma questão de orgulho. Queremos que os outros pensem que somos uma família perfeita que mora numa casa perfeita. Porém, a realidade é que todos temos pontos de poeira no chão às vezes, pasta de dente na pia ou marcas na colcha. Talvez devêssemos concentrar mais os esforços em criar um estado mental hospitaleiro antes de receber os convidados, em vez de ficar obcecadas com cada detalhe da casa e cada ato de negligência do marido.

Quando seu esposo deixar de fazer uma tarefa que você pediu, é bem provável que esse seja apenas um sinal de que ele é humano e pode esquecer as coisas (assim como você), e *não* uma demonstração de que ele não a ama, respeita ou aprecia.

Reclamar quando as coisas não são feitas do *nosso* jeito, insistir em ter a palavra final, colocar Deus no meio de tudo, exigir perfeição antes de receber visitas: alguma dessas coisas lhe soa familiar? Se esse for seu caso, vamos explorar com maior profundidade o que está por detrás dessa dinâmica relacional.

Compreendendo a necessidade de controle

O que se encontra por trás da busca feminina por controle? Os especialistas concordam que a necessidade exagerada de controlar é, na verdade, uma manifestação exterior das inseguranças interiores que sentimos. Quando nos sentimos bem a nosso respeito, normalmente nos damos bem com quase todos ao nosso redor. Mas, quando o contrário é verdadeiro, procuramos com frequência culpar outras pessoas, ruminando pensamentos do tipo: "Ah, se meu marido fosse mais atencioso... Se meus filhos se comportassem melhor... Se minha casa fosse mais organizada... Se meus colegas de trabalho reconhecessem o que faço... Aí meu mundo seria um lugar melhor, e eu me sentiria e agiria como uma pessoa melhor".

Com certeza, as mulheres controladoras dirão que *precisam* controlar para as coisas serem feitas, porque o marido delas é passivo demais. Mas é válido fazer a nós mesmas a seguinte pergunta: "Sou controladora porque ele é passivo, ou ele é passivo porque sou controladora?".

A origem da passividade masculina e do controle feminino é encontrada quando se volta lá ao jardim do Éden. Se você se lembra de Gênesis 3:6, sabe que Adão estava, na verdade, bem ao lado de Eva quando ela deu uma mordida no fruto proibido. Eva estava tomando posse do controle que ela achava que Deus estava tirando dela. Adão passivamente permitiu que Eva se rebelasse e ainda seguiu seu exemplo. Sempre me perguntei se, na mente de Adão, não se submeter ao pedido de Deus para se abster de comer o fruto parecia um mal menor do que não se submeter ao pedido de sua mulher para comer. A despeito de seu motivo para pecar, a passividade de Adão deixou uma marca duradoura na humanidade, assim como a busca de Eva por controle.

Estamos seguindo os passos de Eva quando procuramos controle, em vez de submissão. Quando tentamos controlar, às vezes conseguimos *criar* justamente o comportamento que odiamos no marido. Confesso que já fui culpada no passado de insistir muito com Greg para fazer as coisas do meu jeito e depois ficar triste por ele não ser um líder forte em nossa casa. Já o arrastei para aconselhamento por causa de seu "problema de passividade", quando, na verdade, meu problema com controle era a raiz verdadeira de nossas dificuldades. Quando essa dinâmica está presente, acontece como Jesus descreveu em Marcos 3:25: "Se uma casa estiver dividida contra si mesma, também não poderá subsistir". Uma emboscada é criada para ambos os cônjuges. Ela quer que ele seja o líder, mas não o deixa livre de suas rédeas. Ele se sente perdido quando abdica do controle e perdido também quando não o faz. Ninguém sai ganhando quando marido e mulher travam uma luta por poder. Não conseguimos nos completar como ajudadores se estamos competindo um com o outro por poder.

Portanto, quando as mulheres me perguntam: "Como eu faço para meu marido assumir o volante e ser o líder da casa?", respondo: "Para isso, você precisa sair do banco do motorista". Na maior parte dos casos, enquanto a mulher estiver tentando manipular e controlar, o esposo vai se acomodar no banco de trás em favor da união do casal e se esforçar para fazê-la feliz. Porém, se a esposa confiar no marido e seguir seu comando, mesmo sem concordar necessariamente com a maneira de ele dirigir ou o lugar onde a está levando, ele pode desenvolver a coragem ou o desejo de se tornar o líder que ela tanto quer que ele seja.

Modelo de submissão mútua

Quando falamos sobre confiar no marido e em segui-lo, não nos estamos referindo à submissão cega a uma pessoa que abusa de seus privilégios como líder e exige que você lhe obedeça sem se importar com os sacrifícios emocionais ou espirituais que isso pode trazer. Esse seria um relacionamento do tipo escravo e senhor. Nenhum cônjuge tem o direito de tentar controlar o outro.

É por isso que a Bíblia nos ensina e nos submetermos *mutuamente* e a trabalhar juntos como um time, visando a uma meta comum: harmonia e unidade. Paulo explica o modelo da submissão mútua em Efésios 5:21-25:

> Sujeitem-se uns aos outros, por temor a Cristo. Mulheres, sujeite-se cada uma a seu marido, como ao Senhor, pois o marido é o cabeça da mulher, como também Cristo é o cabeça da igreja, que é o seu corpo, do qual ele é o Salvador. Assim como a igreja está sujeita a Cristo, também as mulheres estejam em tudo sujeitas a seus maridos.
>
> Maridos, ame cada um a sua mulher, assim como Cristo amou a igreja e entregou-se por ela.

Observe que Paulo encarrega *tanto* o marido *quanto* a esposa de se submeterem *um ao outro*. Essa é uma rua de mão dupla, e as responsabilidades não são condicionais. Não podemos esperar até sentir que o outro esteja merecendo a submissão para começarmos a fazer nossa parte.

Talvez ler esse texto lhe desperte amargura, porque você sente que seu marido não a ama como Cristo amou a igreja. É possível que você esteja pensando:

"Bem, se ele me amasse dessa forma, não teria problema algum em lhe ser submissa!". Quero lembrá-la de forma gentil que este não é um livro sobre como mudar seu esposo. É um livro sobre como uma mulher pode mudar a maneira de se relacionar de modo que o marido passe a responder da forma pela qual ela tanto anseia. Com esse objetivo em mente, vamos pensar na submissão em termos de como ela se apresenta no mundo corporativo.

Um exemplo do mundo corporativo

Pense no exemplo do diretor executivo (CEO) e do executivo chefe de operações (COO). Para simplificar, vamos nos referir ao CEO como "ele" e ao COO como "ela". Em última instância, o CEO é o líder, mas ele delega autoridade para liderar as operações do dia a dia à COO. A COO tem liberdade para estabelecer metas, dirigir a equipe, tomar decisões, dar sugestões, oferecer retorno e assim por diante, mas ela faz isso como uma *extensão* do CEO, e não por sentir que este é incompetente ou não deseja fazer essas coisas. Ela controla construtivamente várias áreas de operações, mas sempre respeita o fato de que está sob a autoridade do CEO. Sua posição não constitui uma ameaça ao CEO. Pelo contrário, é um benefício e uma bênção.

Agora aplique a mesma dinâmica relacional ao casamento. Em essência, Deus encarregou o marido da responsabilidade de ser o cabeça espiritual da família. Mas ele também criou a mulher como uma "auxiliadora" para o homem. Pense na mulher como uma espécie de COO que se encontra sob a autoridade do marido, o CEO da família. Ela pode ser responsável por estabelecer certas metas, ter a palavra final em vários aspectos, dirigir a equipe (os filhos), tomar decisões e assim por diante. Porém, em vez de fazer isso com atitude rabugenta, porque o marido não está por perto o dia inteiro ou porque ela imagina que ele não seria capaz de tomar conta de tudo isso, ela desempenha esse papel com excelência, como uma extensão dele. Ela está sob a autoridade do esposo, mas recebe de vontade própria a delegação de alguns domínios de responsabilidade como parte vital da equipe dele.

Muitas mulheres reclamam que o marido não toma a iniciativa de criar momentos de devoção familiar ou de orar com a família. Nesse caso, qual seria o problema de a esposa agir como a COO e se oferecer de forma alegre para ler um devocional ou fazer uma oração, ou de *convidar* respeitosamente o CEO para fazer essas coisas? Você pode se surpreender com a forma positiva pela qual tal convite, feito com a atitude certa, será recebido. Lembre-se, só porque a mulher tem a ideia ou toma a iniciativa com mais frequência, isso não faz dela a líder espiritual. Isso quer dizer apenas que ela é uma excelente auxiliadora. Aqui está a opinião de Greg sobre o assunto:

> Nunca é demais reforçar quão importante é que as mulheres abordem esse assunto com o marido usando grande sensibilidade. Pode ser uma verdadeira bênção para o esposo quando a mulher toma a iniciativa da devoção familiar e de momentos de oração com o coração alegre. Mas, quando ela o faz nutrindo desdém pelo marido, ele se sente humilhado e ressentido. Deixe-me demonstrar o que estou dizendo por meio de dois exemplos diferentes.
>
> Nós colocamos nossos filhos na cama meia hora antes de desligarmos as luzes, na expectativa de que eles leiam a Bíblia ou tenham algum tipo de momento de meditação com Deus. No entanto, certo dia o horário de Matthew ir para a cama chegou e faltava menos de dois minutos no cronômetro para o fim de um jogo do Dallas Maverick (o que, é claro, poderia se estender por mais de dez minutos). Matthew nunca teria compreendido se eu tivesse sido legalista a ponto de dizer: "Não, você precisa ir para o quarto e ter seu momento a sós com Deus agora. Vou lhe dizer quem ganhou quando for lhe dar boa-noite". Por isso, decidi deixar que ele ficasse na sala até o fim do jogo. Às 20h40, Shannon me chamou em nosso quarto, onde ela estava trabalhando no computador. Com um tom de extrema superioridade, ela disse: "Pode ser que o momento das crianças com Deus não seja uma prioridade para você, mas com certeza é para mim. Por quanto tempo mais você continuará ignorando a hora de Matthew ir dormir?". Ela presumira que eu estava tão vidrado no jogo que havia perdido a noção da hora. Mas eu sabia bem que horas eram e estava fazendo o que pensava ser melhor, dadas as circunstâncias. Saí do quarto muito aborrecido com aquela atitude.
>
> Vários meses depois... Certa noite, quando estávamos indo dormir, Shannon olhou em meus olhos e disse de forma muito gentil: "Greg, você já parou para pensar que talvez não passemos tempo suficiente discutindo assuntos espirituais como família? Sei que levamos as crianças à igreja, e elas estudam em escolas cristãs, mas às vezes me pergunto se poderíamos nos concentrar mais no crescimento espiritual delas aqui em casa. O que você acha?".

A atitude de Shannon dessa vez era completamente diferente. Ela não estava apontando o dedo em minha direção. Ela estava olhando no espelho e questionando a imagem ali refletida. E eu não podia negar que aquela imagem precisava melhorar. Concordei, agradeci por ela ter trazido o assunto à tona, e oramos juntos para que Deus nos ajudasse a fazer do crescimento espiritual de nossos filhos realmente uma prioridade.

A abordagem e a atitude de uma mulher verdadeiramente fazem toda a diferença em como a mensagem será recebida e no tipo de resultados que ela obterá.

Quando nós, esposas, nos comportamos como a Sra. (Sempre) Certinha, nossa rebelião e busca por controle só servem para afastar o marido de nós e interromper a conexão que desejamos ter com ele. Por outro lado, a submissão ao esposo em amor servirá para atrair o coração dele para mais junto do nosso.

Exercitando a melhor forma de controle

Se você não quer extinguir a chama no coração de seu marido por parecer a Sra. (Sempre) Certinha, use os princípios a seguir para exercitar a forma mais construtiva de controle: o autocontrole.

- *Não presuma o certo e o errado*. Quando ele realizar uma tarefa de forma diferente do que você faria, não presuma que seu jeito é o certo e que o jeito dele é o errado. Mantenha um espírito de aprendizado e observe se há algo que você pode aproveitar do jeito dele de fazer as coisas.
- *Concentre-se no objetivo certo*. O objetivo não é a perfeição, nem conseguir que tudo fique de seu jeito, mas trabalhar como uma equipe, mantendo a união entre os companheiros de time. As coisas certamente precisam ser feitas, mas não à custa da harmonia no relacionamento.
- *Aceite "não" como resposta*. Se quer que ele lidere, você precisa segui-lo. Se ele não está liderando da forma que você gostaria, não implique. Existe um motivo pelo qual as Escrituras dizem: "A esposa briguenta é como o gotejar constante num dia chuvoso" (Pv 27:15). Quando você aceita um "não" como resposta, está mostrando respeito por ele e pode se surpreender com o número de "sins" que passará a receber daí em diante.

- *Discorde de maneira agradável.* Nas situações em que vocês simplesmente não conseguirem chegar a um consenso, concordem em discordar, sem fazer ataques pessoais ou tentar manipular. Precisamos selecionar nossas batalhas. Antes de fazer um escândalo em relação a algo e insistir em que as coisas aconteçam do seu jeito, pergunte a si mesma: "*Essa* é uma questão pela qual estou disposta a morrer?". Se o assunto for de extrema seriedade, considerem buscar aconselhamento ou mediação profissional para ajudá-los a resolver a questão e ainda assim manter a integridade do relacionamento.
- *Entregue o problema em oração.* Em vez de manipular, discutir ou tentar controlar, ore e peça a Deus para ajudá-la a ver a questão de forma clara e busque o direcionamento dele sobre como deve proceder em discussões futuras. Lembre-se, você pode estar deixando de considerar todos os fatos. Peça a Deus para lhe mostrar toda a situação e o papel que ele deseja que você desempenhe nela.
- *Não tome o lugar de Deus.* Se Deus é capaz de impressioná-la a respeito de alguma coisa, ele pode fazer o mesmo com seu marido. Em vez de lhe dizer que ele precisa fazer algo porque Deus disse isso a você (e não a ele), peça a seu marido que ore mais sobre o assunto antes de tomar uma decisão final e diga que, no final das contas, você será capaz de se submeter ao que ele achar que é correto.
- *Faça mais elogios do que críticas.* Há uma enorme diferença entre criticar e fornecer comentários construtivos, de reconhecimento. Pense na abordagem da bolacha recheada: um elogio, seguido de um comentário construtivo, depois outro elogio. Por exemplo, você pode dizer: "Aprecio muito que você me ajude com a casa quando lhe peço. Das próximas vezes, você pode verificar que esse pano de limpeza funciona melhor do que o que você usou, mas seu trabalho foi excelente, e eu o amo por isso!".

O desejo de controlar as coisas pode ser um impulso construtivo em tarefas como manter a ordem da casa, gerenciar as contas e organizar o horário de vários filhos. Mas o uso mais construtivo dessa tendência feminina de tentar controlar as coisas é direcionar essa energia para o interior, e não para o lado de fora.

Não podemos controlar as outras pessoas. No entanto, podemos ser muito eficazes em controlar nós mesmas e manter relacionamentos cheios de paz. Talvez você desejasse que seu marido pensasse mais como você ou fosse mais parecido com você em algumas coisas. Você pode se sentir frustrada por algumas peculiaridades da personalidade dele. Quem sabe sinta vontade de cortar a cabeça dele por não fazer algo quando e como deveria ser feito. Em vez disso, tente morder a língua. Controle seu temperamento antes que ele controle você. Espere até ficar calma para falar sobre o assunto sem a carga elevada das emoções negativas. Dessa forma, soluções podem ser discutidas e o coração permanece brando. Em resposta a isso, você continuará sendo a pessoa certa com quem ele se casou, e não a Sra. Certinha.

PARTE 4

Reacendendo a chama do homem

11 O que os homens mais desejam (de verdade)

VOCÊ ACHA QUE SABE O QUE OS homens de fato querem mais? É possível que se surpreenda positivamente ao descobrir. Vou lhe dar uma dica. Esse desejo profundo foi transmitido por meio das palavras de uma música popular, muitos anos atrás.

Não, eu não me estou referindo à música "I Want Your Sex " [Quero fazer sexo com você], de George Michael. Embora os homens certamente desejem sexo, não é isso que a maioria deles cita como seu desejo número um. Também não estou pensando na música "R-E-S-P-E-C-T" [R-E-S-P-E-I-T-O], de Aretha Franklin. Esse também é um desejo de todos os homens, mas ainda não é o primeiro. De acordo com as respostas de vários homens que pesquisamos e entrevistamos para escrever este livro, a letra da música "Your Smiling Face" [Um sorriso em sua face] reflete o que eles mais desejam: "Sempre que vejo um sorriso em sua face, sorrio comigo mesmo".

O maior desejo de seu marido não diz respeito a sexo, esportes, sanduíches, programas de humor ou sucesso, mas é colocar um sorriso em seu rosto.

O que ele enxerga em seu sorriso

Pedi a Greg que contasse a vocês por que isso é tão importante, de sua perspectiva masculina:

> Alguns anos atrás, Shannon me perguntou o que mais me atraía nela enquanto estávamos namorando. Lembro-me de recordar como ela estava bonita na primeira vez em que nos vimos, durante a noite de jogos para solteiros na igreja. À medida que passávamos mais e mais tempo juntos, passei a apreciar

sua personalidade extrovertida e amante da diversão. Adorava que ela gostasse de estar ao meu lado em tudo o que eu fazia e de ter passado a ser voluntária no grupo de jovens de nossa igreja. Ela tem rosto, corpo e personalidade belos, mas nenhuma dessas coisas foi o que *mais* me atraiu a ela. O que mais me atraía era que Shannon ficava feliz sempre que eu estava por perto (e meio infeliz quando precisávamos ficar longe). O sorriso dela me fazia sentir muito bem acerca de mim mesmo e de minha capacidade de fazer feliz uma mulher como ela.

Se você não acredita no que estou dizendo, pense um pouco a esse respeito. Finja por um momento que conheceu um homem que é tudo que você sempre sonhou: lindo por dentro e por fora. Mas, se você se sente intimidada por ele ou desconfortável em sua presença, dificilmente vai querer passar todos os momentos do dia perto dele. Todos querem passar tempo com pessoas que os fazem se sentir bem acerca de *si próprios*. É assim que a natureza humana funciona.

Houve épocas em nossos primeiros anos de casamento e paternidade nos quais a felicidade de Shannon deu lugar à desilusão e até à depressão profunda. Não é coincidência que, durante esses mesmos períodos, eu tinha de lutar para conseguir me sentir bem comigo mesmo. A autoestima de um homem está entrelaçada ao fato de ele ser um bom marido, pai, provedor, amigo e amante. Quando não conseguimos alcançar um bom padrão nesses quesitos e vemos, como resultado, o desapontamento no rosto da esposa, é como olhar para o espelho e ver o fracassado em que sempre tememos nos tornar.

Quando seu marido contempla seu rosto, o que ele costuma ver? Ele encontra mais um sorriso ou uma expressão carrancuda quando vocês dois estão juntos? Ele vê ternura em seus olhos ou distanciamento e decepção? Baseado no que ele vê, como você acha que ele se sente a respeito de si mesmo?

Você tem o poder para reverter as situações negativas

Talvez você esteja lendo este capítulo e pensando: "Eu seria feliz se meu marido fosse mais ______________" (você preenche a lacuna). No entanto, sua felicidade não precisa depender das circunstâncias. No livro *The Be (Happy) Attitudes: 8 Positive Attitudes That Can Transform Your Life!* [Atitudes para ser feliz: 8 atitudes positivas que podem transformar sua vida!], Robert Schuller conta sobre um homem notável cuja vida constitui um testemunho poderoso do fato de que a felicidade é uma escolha:

> O dr. Viktor Frankl, psiquiatra eminente e autor do famoso livro *Man's Search for Meaning* [Em busca de sentido], é um exemplo vivo de alguém que tinha as atitudes para ser feliz.
>
> O dr. Frankl, um judeu, foi preso pelos nazistas durante a segunda guerra mundial. Sua esposa, filhos e pais morreram no Holocausto.
>
> A Gestapo pegou Viktor e o fez tirar a roupa. Ele ficou completamente nu diante deles, mas perceberam que ele continuava usando a aliança. Quando lhe tiraram até mesmo isso, ele disse consigo mesmo: "Vocês podem levar embora minha esposa, me privar de meus filhos, tirar minha roupa e liberdade, mas existe algo que ninguém *nunca* será capaz de levar de mim: a liberdade de escolher como vou reagir ao que acontece comigo!".[1]

Mais tarde, o dr. Frankl usou sua experiência para desenvolver muitas palestras e materiais escritos, bem como uma forma de aconselhamento (denominada logoterapia), que já ajudou milhares de pessoas a lidarem com as circunstâncias difíceis trazidas pela vida.

De fato, a felicidade é uma escolha, e ser feliz pode ser simplesmente uma questão de dar um sorriso com mais frequência. Há estudos que indicam que nossas expressões faciais não são exatamente um reflexo de nossos sentimentos, mas que nossos sentimentos constituem, em grande escala, um reflexo da expressão facial que carregamos.[2] Já fiz um teste com essa teoria, e ela funciona. Quanto mais eu sorria, mais feliz me sentia. Somos livres para escolher tanto nossas expressões faciais quanto nossas atitudes em qualquer situação enfrentada.

Quando optamos por atitudes negativas, irradiamos sentimentos negativos e já podemos esperar receber tal negatividade também. Quando escolhemos atitudes positivas, irradiamos sentimentos positivos e receberemos o mesmo das outras pessoas. Permita-me demonstrar como isso funciona. Suponhamos que seu marido trabalhe com vendas e o trabalho dele implique viajar por duas semanas todos os meses. Como você escolhe reagir a essa situação? Você pode se concentrar no lado negativo e reclamar que precisa carregar o fardo de cuidar da casa sem o auxílio dele. Todas as vezes que ele lhe telefonar da viagem, você lhe conta todos os problemas com os quais está tendo de lidar e diz que não sabe por quanto tempo mais será capaz de aguentar o estresse de toda essa distância.

Ou você pode escolher ser feliz. Pode aumentar o amor e apreciação que ele sente por você se despedindo com um sorriso no rosto, dizendo que entende quanto é difícil para ele ter de viajar tanto e quanto se orgulha por ele ser um vendedor tão excelente. Quando ele voltar da viagem, você pode fazer algo especial para celebrar o retorno: a comida ou sobremesa favorita ou chamar uma babá e sair com ele à noite. Essas são coisas que o fariam desejar voltar para casa e ficar o tempo máximo possível.

Uma amiga nossa enfrentou recentemente um enorme desafio conjugal com o espírito "vou sorrir e extrair o melhor dessa situação". O marido de Jill e um pequeno grupo de trabalhadores tinham um prazo muito pequeno para reformar todo o edifício de um hotel: apenas algumas semanas. Quando ele disse: "Vou precisar trabalhar até tarde quase todas as noites e durante a maioria dos fins de semana por um tempo", ela tinha duas opções. Poderia ficar descontente com a situação (não que isso fosse mudar o que estava sendo exigido do esposo) ou fazer o possível para facilitar as coisas para o marido.

Felizmente, Jill escolheu a segunda opção. Ela colocou roupas de trabalho e apareceu na obra várias noites para trabalhar junto com ele, só para os dois ficarem juntos. Outras vezes, ela preparou alimento e levou para ele, para os dois jantarem juntos. Em vez de reclamar, Jill foi uma fonte contínua de encorajamento. Quando o projeto terminou, ambos tiveram o sentimento de dever cumprido e passaram a apreciar ainda mais as noites livres e fins de semana juntos.

Talvez não lhe seja possível ir até o local de trabalho de seu marido ou fazer tudo isso para estar com ele em tantos momentos, mas creio que deu para entender a ideia. Quanto melhor você fizer seu marido se sentir a respeito de si mesmo (e das responsabilidades que ele tem), melhor vocês se sentirão acerca do relacionamento.

Sejamos fonte de força e alegria para o esposo. Façamos a escolha pela felicidade, a despeito das circunstâncias da vida. Sei que seu esposo pode ter vários pontos a melhorar, coisas que transformam a "felicidade" em um desafio algumas vezes. O meu faz isso. Mas eu tenho meus defeitos e aposto que você também. A verdade é que todos nós os temos. Mas não podemos aguardar até que os defeitos de todas as pessoas sejam eliminados para sermos felizes. Precisamos escolher a felicidade agora, não somente para nós mesmas, mas em especial para nosso marido e filhos também. Reflita sobre esse trecho de *The Proper Care and Feeding of Husbands*:

> As mulheres dominam no que diz respeito ao lar e aos relacionamentos. [É nossa responsabilidade] dominar com sabedoria e amor. Se uma mulher não se casar com um sociopata ou narcisista, então ela tem em casa um "pacote masculino" básico. E o macho básico é uma criatura decente, com desejos simples: ser o herói da esposa, ser o amante dos sonhos da esposa, ser o protetor e provedor da família, ser respeitado, admirado e apreciado. Os homens vivem para fazer sua mulher feliz.
>
> A coisa mais cruel que uma esposa pode fazer para o marido é nunca estar feliz. E, não se esqueça, ser feliz é mais uma atitude do que uma realidade. Quando as coisas estiverem indo mal, quando existirem problemas e desafios, desapontamentos e desastres, certamente a felicidade será minada. No entanto, quando alguém olha para um pequeno buraco no céu por onde *é* possível ver o sol brilhar, o dia *se torna* maravilhoso para essa pessoa e para todas aquelas com quem ela entrar em contato.[3]

Você, mais do que qualquer outra pessoa, tem o poder de fazer feliz o dia de seu marido. Pode ser útil tirar um tempo para fazer uma longa lista de todas as coisas pelas quais você tem motivos para ser feliz. Até no dia em que estou mais deprimida, consigo formular uma longa lista de bênçãos que Deus derramou sobre mim, como a salvação, meu casamento, filhos, boa saúde, parentes amorosos, excelentes amigos, oportunidade de trabalhar para ele, cura das dores do passado, segurança para hoje, esperança para amanhã e assim por diante.

E você? Qual é o tamanho da lista que vem à sua mente? É o suficiente para abençoar seu marido com um sorriso e uma expressão cálida de contentamento?

Não há momento como o presente

Alguém disse que o melhor momento para plantar uma árvore é vinte anos atrás, mas o segundo melhor momento é hoje. O mesmo é verdadeiro em relação à escolha por ser feliz no casamento. É uma opção que todos gostaríamos de ter feito desde o primeiro dia. Porém, mesmo se tivermos falhado naquela ocasião, o segundo melhor momento para fazê-lo é agora.

Se você está pronta para dar a seu marido o que ele mais deseja, separe um tempo para cantarolar a melodia familiar de Bobby McFerrin: "Don't Worry, Be Happy" [Não se preocupe, seja feliz]. Mas não apenas cante essa canção, viva sua letra com seu marido, e ele será feliz também!

12
R-e-s-p-e-i-t-o

Fiquei surpresa quando Matthew, nosso filho de dez anos de idade, entrou no cômodo onde eu estava escrevendo este capítulo e disse:

— Mãe, terminei o dever de casa. Tínhamos de escrever exatamente as palavras que desejamos que as pessoas leiam um dia em nosso epitáfio.

Quando perguntei as palavras que escrevera, ele respondeu:

— Matthew Thomas Ethridge: um respeitado homem de Deus.

Por curiosidade, perguntei:

— Que tal "um *amado* homem de Deus"?

Imediatamente, ele replicou:

— Não, quero que lá esteja escrito *respeitado*.

Embora ainda fosse uma criança, meu filho estava expressando o mesmo anseio profundo por respeito que tenho ouvido repetidas vezes de homens das mais variadas idades. Infelizmente, muitos homens se sentem como um zero à esquerda ao lado da esposa. Observe esses comentários:

- "Odeio quando minha esposa fala comigo como se eu fosse um de nossos filhos, em vez de se dirigir a mim como o homem da casa. É humilhante e fico enfurecido."
- "Não ligo para um pouquinho de provocação ocasionalmente, mas, quando minha esposa implica comigo na frente de meus amigos ou colegas de trabalho, fico muito constrangido. Sinto-me envergonhado quando ela sai expondo meus defeitos na frente de todo mundo, sem consideração por meus sentimentos ou pelo efeito que os comentários dela podem ter na opinião das outras pessoas."

- "Gosto de que minha esposa seja independente em seus pensamentos e tenha opinião própria. Não desejo que ela mude isso. Mas sinto com frequência que ela *nunca* concorda com nada do que eu digo. Se eu comentar: 'É tão bom ter um dia de céu limpo como hoje', ela dirá: 'Céu limpo? O que você quer dizer com isso? Não está vendo aquela nuvem?'. Além disso, o tom de voz empregado por ela subentende que eu devo ser um grande idiota. Quero que ela tenha individualidade, mas também gostaria que valorizasse minha perspectiva sobre as coisas. Isso é demais para um marido pedir à esposa?"

Acredito que não, assim como Shaunti Feldhahn, autora de *For Women Only: What You Need to Know about the Inner Lives of Men* [Somente para mulheres: o que você precisa saber sobre a vida íntima dos homens]. Ela concorda que o respeito é uma necessidade imprescindível para os homens. Feldhahn realizou centenas de entrevistas pessoais e por escrito cujos resultados revelam quais são as verdadeiras lutas interiores dos homens. Ela afirma:

> Embora seja desconhecida da maior parte de nós, a necessidade masculina de respeito e reconhecimento, especialmente por parte de sua esposa, é tão intrínseca e tão crucial que os homens, na maioria preferem não ser amados a ser desrespeitado ou tidos como inadequados [...]
>
> *Se um homem se sentir desrespeitado, ele sentirá que não é amado*. A tradução de tudo isso é: se você deseja amar seu marido da maneira que *ele* precisa ser amado, então precisa garantir que ele se sinta respeitado acima de tudo.[1]

Se seu esposo não sentir que você o respeita, será impossível conseguir acender a chama da alegria no coração dele.

Qual é sua medida no "respeitômetro" dele?

O dicionário Webster define *respeito* como "considerar digno de alta consideração". No livro de Efésios, onde o respeito pelo marido é uma ordem bíblica para as esposas (Ef 5:33), a palavra em grego empregada por Paulo para "respeito" é *phobeo*, que significa "estar maravilhado por" ou "reverenciar".[2] Você considera seu marido digno de alta consideração? Ele a deixa maravilhada? Você faz a escolha de reverenciá-lo?

Se você realmente quer saber a verdade sobre como está se saindo nessa área, pergunte a seu esposo. Diversas vezes, enquanto escrevia este livro, Greg me pediu para incluir um princípio que sentia ser importante para as esposas compreenderem. Com frequência, eu comentava: "Puxa, muito bom! Eu já fiz (ou deixei de fazer) isso no passado?". Em geral, ele apenas sorria com as sobrancelhas ligeiramente erguidas, como que dizendo: "Como você acha que eu aprendi que isso é algo importante para os homens?". Suspeito que, se Greg e eu não tivéssemos escrito este livro juntos, talvez nunca me tivesse dado conta de que, muito embora eu o respeite, às vezes faço e digo coisas que o fazem sentir-se desrespeitado. Minha voz fica ríspida, ou lhe dou aquele olhar maldoso como resposta a algo que ele diz. Ou então faço alguma coisa de que ele não gosta, como espalhar um de meus projetos em cima da escrivaninha dele e deixar lá, de modo que ele precise tirar minhas coisas antes de começar a trabalhar em seu território sagrado. Já houve ocasiões em que lhe expliquei algo excessivamente, detalhando muito mais do que o necessário, coisas como "o que fazer para o jantar". Ele fica com uma expressão no rosto que me diz: "Ok, chega de detalhes, Shannon. Sou adulto e acho que consigo dar conta de tudo daqui por diante".

Qual é outro modo certeiro de uma esposa saber sua medida no "respeitômetro" do marido? Shaunti Feldhahn prossegue fornecendo compreensão sobre como podemos saber, de modo geral, se fizemos algo que leva o marido a se sentir desrespeitado:

> Então, como podemos saber quando cruzamos a linha do desrespeito? Para nossa alegria, existe um barômetro simples: confira o nível de raiva [...]
>
> Pode ter certeza: se ele está nervoso com algo que você disse ou fez e você não consegue compreender o motivo, existe grande chance de que ele esteja sentindo a dor ou a humilhação do seu desrespeito [...]
>
> Observe que um dos principais textos bíblicos sobre casamento, Efésios 5, não diz para a esposa amar o marido, nem para o marido respeitar a esposa (presumivelmente porque cada um de nós tem a tendência de dar aquilo que gostamos de receber). Em vez disso, insiste repetidas vezes em que o marido *ame* a esposa e a esposa *respeite* o marido e sua liderança. As mulheres com frequência tendem a querer controlar as coisas. Infelizmente, os homens costumam

> interpretar tal atitude como desrespeito e desconfiança (e, se formos honestas com nós mesmas, algumas vezes *é* exatamente isso que acontece).[3]

Sim, é triste que, por vezes, quando dizemos para nós mesmas que estamos tentando ser úteis, o que de fato estamos fazendo é tentando controlar e "consertar" o marido. Muito embora possamos nos convencer de que estamos apenas tentando fazer aflorar o que há de melhor nele, nossos esforços de "melhorá-lo" lhe enviam uma mensagem de rejeição.

Quando uma esposa deseja satisfazer a necessidade de respeito do marido, duas coisas são absolutamente essenciais: ela precisa aceitá-lo do jeito que ele é e deve selecionar com cautela suas palavras.

Aceitando-o como ele é

Intimidade é algo arriscado. À medida que, ao longo do tempo, marido e mulher revelam um ao outro quem de fato são, ambos esperam que o outro seja capaz de demonstrar amor e aceitação incondicionais. Se os dois cônjuges se sentem aceitos e amados, a intimidade física, emocional e espiritual é o resultado mais comum. No entanto, se um dos cônjuges não se sente aceito ou amado, ele se retrairá, provocando distanciamento nessas três áreas. Para nos sentirmos livres a ponto de nos abrirmos e sermos nós mesmos em qualquer relacionamento, precisamos primeiro nos sentir seguros. Quando nos sentimos inseguros, provavelmente nos retraímos, em vez de nos arriscarmos a conectar com a pessoa que nos fez sentir rejeitados em primeira instância. É por isso que a aceitação é um fator-chave para a construção do relacionamento conjugal íntimo que tanto desejamos.

Uma das analogias mais úteis que já ouvi a esse respeito é a do "espírito aberto, espírito fechado", de Gary Smalley. Smalley usa um punho fechado para ilustrar o que acontece emocionalmente com as pessoas quando ferimos seus sentimentos — o espírito delas se fecha. Em seguida, o punho dele se converte numa palma de mão aberta, ilustrando o que ocorre quando reconhecemos o valor das pessoas e as fazemos se sentirem bem acerca de si mesmas — elas se abrem.

A atitude que você demonstra em relação a seu marido o faz fechar-se ou abrir-se com você? Você reconhece o valor dele com frequência e o encoraja com um espírito de total aceitação? Ou ele se sente fechado emocionalmente devido ao espírito de rejeição que ele sente em você?

Todos devemos guardar o coração, e isso é correto, pois a Bíblia nos diz: "Acima de tudo, guarde o seu coração, pois dele depende toda a sua vida" (Pv 4:23). Deus colocou em todos nós a capacidade de discernir quando nosso coração está sendo tratado com carinho e quando está sendo maltratado. A natureza humana nos leva a gravitar em torno dos relacionamentos que nos fazem sentir bem acerca de nós mesmos. Ela também nos faz evitar relacionamentos que nos fazem sentir mal a nosso respeito.

Lembre-se de quando você e seu marido eram namorados. É bem provável que ele nunca se cansasse de estar com você, porque suas atenções e afeições o faziam sentir-se bem acerca de si próprio e vice-versa. Obviamente, o casamento não pode ser como um longo e romântico namoro, conforme apontamos antes. A realidade se estabelece e as responsabilidades nos afastam um do outro com mais frequência no casamento do que no namoro. Mas, se você sente falta de conexão emocional em seu casamento e percebe que seu marido a evita de forma intencional algumas vezes, deve se perguntar se ele não está experimentando um sentimento de rejeição de sua parte.

Se esse for o caso, reserve um tempo para refletir sobre suas atitudes. Peça a Deus para lhe mostrar momentos específicos nos quais você foi muito dura, acusadora ou exigente. Se reconhecer um espírito de rejeição, confesse seu pecado a Deus e a seu marido. Ser humilde o suficiente para admitir sua falha com o fim de demonstrar aceitação e respeito é o primeiro passo para reconstruir a confiança dele.

Você também pode conversar com seu esposo para ambos terem a permissão de chamar a atenção um do outro com amor quando um dos dois estiver sentindo uma atitude de rejeição. Ambos precisam sentir liberdade para dizer: "Meu coração está começando a se fechar para você, e nenhum de nós deseja isso. O que está acontecendo e como podemos consertar isso?". Ou então: "Percebo que seu coração está ficando frio para comigo. Algo que eu fiz ou disse está levando você a se sentir dessa maneira? Eu o amo muito, e quero que você se sinta completamente aceito. Portanto, ajude-me a tratá-lo da forma que merece".

Greg e eu demos um ao outro permissão para dizer esse tipo de coisa. O resultado é que temos hoje mais facilidade em não guardar rancor um do outro e em permanecer espiritualmente conectados.

Além de aprender a demonstrar aceitação, também tivemos de aprender a respeitar o fato de sermos *muito* diferentes.

Respeitando as diferenças de personalidade

As características que nos atraem a uma pessoa enquanto estamos namorando são, em geral, as qualidades que não possuímos. Porém, essas mesmas qualidades opostas podem nos levar à loucura no casamento. Quando Greg e eu namorávamos, eu adorava o cuidado que ele tinha em escolher as palavras. Mas, depois de vários anos de casamento, passei a ver essa característica como uma fraqueza, e não como um ponto forte. Sentia com frequência que Greg estava me excluindo, ou então desinteressado em se conectar comigo num nível emocional, simplesmente porque ele não falava tanto quanto eu gostaria. Às vezes, quando eu lhe fazia perguntas, ele passava tanto tempo pensando na resposta que, no momento em que ele finalmente falava, eu já me havia esquecido do que perguntara!

Essa diferença em nossa personalidade fazia que discutir com ele fosse extremamente frustrante. Eu lançava uma pergunta, esperando uma resposta rápida para poder disparar outra, ou então arrematar meu argumento. Mas eu tinha de esperar tanto pela resposta de Greg que ficava exasperada. Também me frustrava quando ele preferia não ir a eventos sociais nos quais se esperava que nos misturássemos e interagíssemos com as pessoas. Ele afirmava que tinha "misturitite aguda". Quanto mais tentava transformá-lo na pessoa que eu desejava que ele fosse, mais sentia que desaprovava quem ele de fato era. A única reação possível para Greg era se sentir desrespeitado, não amado e menos atraído por mim, como resultado do sentimento de rejeição.

Greg e eu podemos testificar a verdade do seguinte trecho de *Men, Women and Relationships* [Homens, mulheres e relacionamentos], do dr. John Gray:

> Quando os parceiros não respeitam nem apreciam suas diferenças complementares, perdem a eletricidade, ou seja, deixam de ficar acesos um pelo outro. Sem a polaridade, perdem a atração.
>
> Essa perda de atração pode acontecer de duas maneiras. Ou por meio da tentativa de suprimir o eu verdadeiro para procurar agradar ao parceiro ou por meio da tentativa de moldar o outro à nossa própria imagem. Ambas as

> estratégias — nos reprimir ou mudar o outro — sabotarão o relacionamento [...]
>
> Todas as vezes que tenta alterar, consertar ou melhorar seu parceiro, você lhe envia a mensagem de que ele não merece ser amado por ser quem ele é. Em tais condições, o amor morre. Quando tentamos preservar a mágica do amor [tentando reformar nosso companheiro], apenas pioramos as coisas.[4]

Nosso casamento estava sofrendo porque Greg sentia a pressão de suprimir seu verdadeiro eu, enquanto eu tentava moldá-lo à minha imagem. Eu não conseguia entender por que ele não podia ser mais parecido comigo (extrovertido e conversador) e o arrastava para festas e lugares nos quais ele podia "praticar" ser mais sociável. Greg voltava para casa esgotado, sem compreender por que eu pensava ser necessário tentar mudar sua personalidade mais introvertida. O problema, é claro, não era *ele,* e sim eu mesma.

Minha percepção a esse respeito ocorreu quando estudamos os seis traços únicos de personalidade em nossa classe da escola bíblica dominical: o harmonizador, o realizador, o catalisador, o persistente, o sonhador e o energizador.[5] Imediatamente me reconheci como uma clássica realizadora, mas a verdadeira revelação aconteceu quando percebi que Greg é um sonhador. Os sonhadores são cautelosos e reservados. Eles nunca sentem impulso de falar e precisam refletir sobre as coisas antes de ser capazes de discernir o que efetivamente pensam sobre o assunto. Sentem-se esgotados quando estão em meio a muitas pessoas, e o estresse os leva a quererem se retrair. Enquanto lia a descrição desse tipo de personalidade, percebi que resumia meu marido. A descrição continuava e dizia que os sonhadores são excelentes pensadores. Com frequência, eles aparecem com soluções perspicazes para os problemas ao redor, soluções que os outros nunca teriam imaginado. Eles também funcionam muito bem sob pressão, pois nunca se exaltam.

Quando refleti sobre todas essas características que descreviam Greg tão bem, percebi que sua escolha cuidadosa e contemplativa das palavras não era uma falha ou defeito, mas um reflexo da personalidade que Deus lhe dera de presente. Muitos dos livros que escrevi sobre sexualidade encontram-se repletos dos discernimentos reflexivos e contemplativos que Greg compartilhou comigo ao longo dos anos. Sua mente é capaz de dar conta do departamento financeiro complexo de uma organização internacional sem fins lucrativos, de meu ministério, de nossa igreja e das finanças pessoais. Um dos atributos mais positivos de Greg como sonhador é que ele não fica nervoso. Isso é ótimo, pois, se tivesse me casado com alguém mais parecido comigo, deixaria esse homem irritado o tempo todo, e nossos filhos cresceriam numa zona de combate. A compreensão acerca do tipo, de personalidade que Greg possui me ajudou a apreciá-lo mais por quem ele é, em lugar de tentar transformá-lo em alguém que ele não é.

Como essa aceitação para com meu esposo afetou nosso casamento? Eis o que Greg diz:

> É ótimo não sentir como se eu tivesse a obrigação de ser mais extrovertido, como a Shannon, para conseguir aprovação e respeito dela. Hoje, em vez de insistir para eu ir a lugares e interagir com as pessoas, ela pergunta sem grandes expectativas se eu gostaria de ir com ela a determinado evento. Na maioria das vezes, eu vou só porque gosto de estar com ela, mas aprecio que ela me permita fazer essa escolha. Quando estou lá, ela às vezes percebe que me estou sentindo desajeitado. No entanto, em vez de me arrastar para conversas como antes, Shannon dá algumas piscadinhas e me lembra de Albert Einstein. Ele também era um sonhador e passou muitas vezes por burro por causa de sua personalidade introvertida. Como Shannon respeita minha personalidade tipo sonhadora, me ama incondicionalmente e me vê como uma pessoa brilhante, encontro a coragem necessária para participar cada vez mais de conversas em público.

Destaco algumas outras palavras de sabedoria ditas por outras mulheres que aprenderam a aceitar os traços únicos de personalidade do marido e suas inclinações naturais:

- "Sei que Phil ama viajar e interagir com as pessoas. Eu adoraria que ele tivesse uma profissão que o mantivesse em casa por mais tempo, mas ele também gostaria que eu sentisse vontade de viajar junto com ele mais vezes, o que é possível agora, quando nossos filhos já estão crescidos e não moram conosco. Mas eu sou do tipo caseiro, então normalmente lhe peço que vá sem mim. Os momentos que passamos juntos parecem muito preciosos, pois ele sente que respeito sua necessidade de 'estar lá' e entende meu desejo de 'ficar aqui'."

- "Meu marido é uma pessoa detalhista e sente a necessidade de controlar nossas finanças. Já eu ganho bem mais que ele e gosto de gastar sem sentir a necessidade de elaborar um orçamento e fazer relatórios do destino do dinheiro, contanto que estejamos cumprindo nossos planos preestabelecidos. Mas como Jim se sente melhor com um controle mais rigoroso, tento guardar todas as notas e o informo das compras maiores que preciso fazer. Ele raramente reclama de que estou gastando muito, apenas gosta de saber em que o dinheiro está sendo empregado. Percebi que, ao ajudá-lo a registrar nossos gastos, estou respeitando uma necessidade dele."

Se você já lutou para compreender por que seu marido faz as coisas que faz ou por que se sente de determinada maneira em certos assuntos, recomendo que descubra mais acerca dos tipos de personalidade. Pesquise na biblioteca de sua cidade ou na internet, buscando livros ou recursos que a ajudem a identificar e entender melhor tanto seu marido quanto você mesma.

Além de aceitar a personalidade única de seu marido, qual é a melhor maneira de uma esposa demonstrar que o respeita, tanto em público quanto em particular?

Escolhendo palavras com sabedoria

Quando Julie conheceu Eric durante o ensino médio, pensou que ele era tudo o que ela sempre quis. Eric era paciente, compreensivo, terno, gentil e divertido. Mas o tempo se passou, e aquelas qualidades passaram a ser vistas como problemas. Ela sentia que tinha de agir como mãe dele para que as coisas fossem realizadas. Começou a entender sua paciência como procrastinação, sua ética de trabalho como tendência a ser *workaholic*, sua natureza gentil como fraqueza e sua disposição em ajudar os outros como falta de limites que, com frequência, reduzia o tempo em família. Em vez de respeitar o esposo, Julie sentia desprezo por ele e o deixava saber disso. Ela conta:

> Eu não respeitava o Eric (é preciso *merecer* o respeito, certo?), não lhe demonstrava admiração verbal (eu não queria *mentir*), recusava-me a fazer sexo (compartilhar *meu corpo* com um homem a quem não respeitava?!), tinha acessos de raiva (a culpa era dele por estar nervosa), dava broncas e mandava (*alguém* precisava

ser responsável), comparava-o constantemente a homens de filmes e novelas românticas (é sempre bom ter alvos elevados!) e fazia greve de silêncio o tempo necessário para conseguir resultados (bem, era a única coisa que funcionava!).

Eu realmente pensava que todos os nossos problemas eram culpa dele. Eric não estava fazendo aquilo que *sabia* que eu queria que ele fizesse. Ele não me fazia feliz. Não é por isso que as pessoas se casam, para achar alguém com quem podem contar para fazê-las imensamente felizes? Mas ele não conseguia fazer isso. Sufocado pela pressão de minhas atitudes e das próprias inseguranças, Eric desistiu emocionalmente do casamento após sete anos, e nos divorciamos seis anos depois disso. Quando relembro meu comportamento desrespeitoso, fico surpresa de que ele tenha aguentado *tanto* tempo!

Infelizmente, algumas vezes a consciência do papel que desempenhamos no jogo do descontentamento não se torna clara até depois que o divórcio esteja concluído.

Certamente Julie não foi a única mulher a usar palavras e tons de voz que diminuem e desvalorizam o esposo. Essas atitudes e ações só servem para afastá-lo.

Ela diz	Ele ouve
"Por que você não faz desse jeito? Faz mais sentido assim!"	"Você é burro e não sabe fazer nada direito."
"Por que não chamamos um profissional para consertar isso?"	"Você não é inteligente o bastante para resolver isso."
"Por que você não para e pede informações?"	"Você é incapaz de nos fazer chegar lá sozinho."
"Por que você não enfrenta seu chefe?"	"Você é um covarde."
"Por que você não faz o que preciso que faça?"	"Você é um fracasso de marido".

Alguma dessas afirmações lhe parece familiar? Precisamos remover essas frases de nosso vocabulário e substituí-las por palavras que demonstram aceitação e respeito. Por exemplo:

- Em vez de dizer: "Por que você não faz desse jeito? Faz mais sentido assim!", uma abordagem melhor seria: "É interessante como as pessoas fazem as mesmas tarefas de maneiras tão diferentes. Eu teria a tendência de fazer de outra forma, mas fico contente que esse método funcione para você".
- Em vez de dizer em tom piedoso: "Por que não chamamos um profissional para consertar isso?", tente: "Acredito que você consegue fazer tudo a que se propõe, mas, se decidir chamar um profissional, entendo perfeitamente. Eu não teria ideia de como consertar isso sozinha, mas lhe dou os parabéns por tentar".
- Evite reclamar: "Por que você não para e pede informações?". Diga apenas: "Você adora o desafio de navegar por território estranho, não é mesmo? Tudo bem, Colombo, mas, se por uma questão de tempo você decidir que precisamos de informações, ficarei feliz em entrar em algum lugar e perguntar".
- Em vez de exigir: "Por que você não enfrenta seu chefe?", tente jogá-lo para cima, dizendo: "Queria tanto que seu patrão reconhecesse a pessoa inteligente que você é e o papel valioso que desempenha em sua equipe de trabalho! É uma pena que ele não o aprecie como nós aqui em casa".
- Em vez de: "Por que você não faz o que preciso que faça?", uma abordagem mais proveitosa seria: "Preciso de um verdadeiro herói para dar conta disso pra mim. Quando tiver tempo, você pode ser esse herói?".

Se você deseja acender a chama da alegria e da paixão de seu marido por você, pese com cuidado suas palavras e se assegure de que elas comunicam aceitação e respeito. Peça a ele para lhe contar as coisas que você diz que o levam a se sentir desrespeitado, e depois se decida a não usar tais palavras novamente. Pense nas palavras respeitosas que você pode usar para substituí-las e então proceda assim.

Quando você escolhe suas palavras com sabedoria e demonstra respeito por seu marido, colherá diversos benefícios. Ele vai se sentir bem não apenas porque sabe que lhe está agradando, mas também porque seus filhos o respeitarão cada vez mais e respeitarão você também. Você se sentirá mais satisfeita em suas tentativas de ser a esposa que deseja ser. Seu relacionamento conjugal se aperfeiçoará e sua família se beneficiará com a segurança de uma atmosfera respeitosa no lar. Acima de tudo, você agradará a Deus com seu propósito de mostrar respeito ao marido, um filho amado do Senhor, que merece isso, não por fazer tudo perfeitamente para merecer tal reverência, mas por ter sido criado de forma divina e única à imagem de seu Pai celestial.

Além de precisarmos escolher com cuidado nossas palavras na comunicação diária com o cônjuge, necessitamos ser ainda mais cautelosas no calor de um conflito, que é o assunto do próximo capítulo.

13 Brigando de forma justa

Robert, o primeiro garoto de quem gostei, me magoou terrivelmente. Nós nos conhecemos num acampamento de verão, depois que eu havia terminado o sexto ano, e gostávamos de passar tempo juntos nos momentos reservados para nadar e tomar as refeições. Certa tarde, enquanto jogávamos vôlei aquático no mesmo time, nós dois fomos atrás da bola e a pegamos ao mesmo tempo. Ele começou a tentar tirá-la da minha mão com muita força, então reagi da mesma maneira, me recusando a entregá-la. Em meio a esse conflito, acertei acidentalmente sua virilha com o joelho. Prostrado pela dor, Robert conseguiu, depois de um tempo, se recompor e começou a dar joelhadas no meu osso púbico, para eu ver como aquilo doía. A dor intensa trouxe lágrimas a meus olhos e deu fim imediato a essa paixão juvenil.

Por que todo esse papo sobre bater e levar pancadas embaixo da cintura? Porque muitos casais brigam dessa maneira, lançando insultos e matando as afeições de um pelo outro. Quando as esposas decidem dar golpes baixos emocionais, os homens se sentem despidos de sua masculinidade, desrespeitados e magoados. Como tais sentimentos afetam o relacionamento conjugal? Praticamente com o mesmo efeito de meu relacionamento com Robert: leva nossos sentimentos de ternura um pelo outro a se esvaírem rapidamente. É só perguntar para Jennifer.

Quando ela e Jeff se casaram, ela fez votos de que ele seria o cabeça da casa. Mas ela desejava o melhor casamento possível, então começou a dar conselhos sobre tudo: dinheiro, questões espirituais, profissão, amigos, passatempos, o papel dele como marido e pai, sexo. Quando eles discutiam, Jennifer jogava dardos repletos de mágoas passadas, arremessava pedras de suspeita e insegurança e lhe dava golpes baixos com respeito a questões íntimas. Ela escreve:

> Certo dia, levei um grande golpe na cabeça. Estávamos no trânsito, com nossos três filhos dormindo no banco de trás do carro (pelo menos era o que pensávamos) e começamos a discutir sobre certas férias do passado, algo que não precisaria ter causado uma grande briga. Começamos a gritar, eu comecei a chorar e, com a língua afiada, tentei provar que meu argumento era correto e que Jeff estava errado. Então, ele disse: "Não consigo viver desse jeito. É impossível chegar a um acordo com você ou agradar-lhe. Tenho de pisar em ovos o tempo todo".
>
> Você poderia pensar que isso me faria acordar para a realidade, mas eu precisava de um golpe ainda maior para perceber que aquele era de fato um problema meu. Depois de dormir no sofá naquela noite, Jeff foi trabalhar na manhã seguinte em silêncio, sem me dar um beijo nem se despedir. Minha filha mais velha acordou chorando aquela manhã. Entrei no quarto dela e perguntei qual era o problema. Ela perguntou se o papai e eu não continuaríamos mais casados. Ela disse que eu falava de forma muito malvada com ele. Falou que parecia que eu não o amava. *Toc, toc! Alô, Jennifer!* Além de estar matando o amor de meu marido por mim, estava semeando inseguranças na vida de minha filha.

Se, durante os conflitos com o esposo, nosso objetivo for vencer (mudar o comportamento ou ponto de vista dele para se adequar ao nosso), em vez de procurar compreender a perspectiva dele, estamos focadas no alvo errado. Por quê? Porque dessa maneira faremos de tudo para vencer — seja usando joguinhos de manipulação (ver capítulo 6), seja brigando de forma pouco limpa. Claire, que compartilhou parte de sua experiência no capítulo 1, admite que essa dinâmica perigosa já invadiu seu casamento após apenas um ano:

> Na noite passada, meu esposo e eu tivemos uma de nossas grandes brigas. Ele estava tentando me ajudar a fazer algo, mas fiquei irritada e o chamei de cafajeste. Então, ele me chamou de bruxa, e as coisas só pioraram a partir daí. É assim que acontece conosco na maioria das vezes: algo mínimo se transforma numa discussão enorme e insuportável. Depois de nosso diálogo repugnante da

> última noite, não nos falamos e fomos dormir extremamente tristes um com o outro e com nós mesmos — de novo. Sempre penso que, se ele fosse um marido melhor, eu seria uma esposa melhor. Mas não é tudo responsabilidade dele. Um de nós precisa amadurecer, e o outro acompanhará a mudança. Mas eu queria tanto que ele mudasse primeiro!

No que se refere a brigar de forma justa, espero que você não hesite em se tornar a líder, caso necessário. Não importa há quanto tempo vocês estão casados. Nunca é tarde demais para melhorar a dinâmica da comunicação, e um bom começo é evitar comportamentos que lembrem golpes baixos.

Evite golpes baixos

Uma parte significativa de aprender a brigar de maneira justa é evitar o uso de táticas que envolvam golpes baixos, tais como:

- *Envolver uma terceira pessoa.* Uma das piores coisas que você pode fazer é ligar para sua mãe, irmã ou melhor amiga e reclamar sobre seu marido, em vez de ir diretamente a ele com suas preocupações. Os outros são impotentes no tocante à situação. Portanto, você está desperdiçando energia emocional ao conversar sobre o assunto, quando deveria direcioná-la para resolver o conflito com seu marido.
- *Fazer greve de silêncio.* Recusar-se a conversar com seu esposo de forma racional sobre um problema quando você está com raiva não serve para nada, a não ser para deixá-lo ainda mais confuso e permitir que você fique mais irritada com a situação. Se você sente que ainda não está pronta para conversar com calma, dedique um pouco de tempo a se sentar e escrever seus pensamentos. Isso permitirá que um pouco da raiva se dissipe, que você processe as emoções e organize os pensamentos antes de trazer o assunto à tona com seu companheiro.
- *Gritar ou chorar.* Uma discussão calma e racional a levará muito mais longe do que os gritos ou o choro. Tais táticas farão que ele queira se retrair ainda mais. É bem provável que você não recorra a gritos e choro com seu patrão, portanto use táticas positivas em seu casamento, assim como faria em seu ambiente de trabalho.

- *Ser crítica.* Caso tenha sugestões para um comportamento que deseja de seu marido, apresente-as de forma amável e encorajadora. No entanto, evite reclamar, criticar e, especialmente, chamá-lo de nomes feios. Há um conselho materno que funciona muito bem no casamento: "Se você não tem nada de bom para dizer, fique calada".
- *Usar o sarcasmo.* Embora seja, por vezes, mascarado com humor, o sarcasmo em geral tem a intenção de ferir o outro e levá-lo a se sentir diminuído, ou mesmo estúpido. A verdade é que o sarcasmo representa, por vezes, uma forma socialmente mais aceitável de agressão, mas ninguém gosta de se sentir agredido. Tente, de todas as maneiras, evitar o sarcasmo e falar com sinceridade ao interagir com as pessoas, especialmente com seu cônjuge.
- *Fazer ameaças ou dar ultimatos.* Não faça promessas, a não ser que tenha intenção de cumpri-las. Caso contrário, perderá a credibilidade. Existe uma grande diferença entre: "Se você não conseguir encontrar mais tempo para passar com a família, pode chegar em casa um dia e descobrir que não estamos mais aqui" e: "Temo que, se não encontrarmos mais tempo para passar em família, nos afastaremos cada vez mais".
- *Ficar na defensiva.* Se seu marido exprimir uma inquietação, elogie sua coragem em trazer o assunto à tona e não fique na defensiva. Ore a Deus, pedindo que ele a ajude a refletir sobre o tema e, numa atitude de humildade, opte por pedir desculpas, em vez de iniciar uma discussão, sempre que possível.
- *Usar palavras extremas.* Algumas palavras deveriam ser proibidas no calor de uma discussão, como *sempre* ("Você *sempre* trabalha até muito tarde!"), *nunca* ("Você *nunca* mais conversa comigo!"), *odeio* ("Eu *odeio* o jeito de você adiar as coisas!") e *divórcio* ("Se é assim que você se sente, então talvez devamos considerar o *divórcio* como opção!").
- *Ter expectativas de que ele leia sua mente.* Esqueça o que sua mãe disse quando lhe ensinou: "Nunca peça, espere até que lhe seja oferecido". No casamento, você precisa pedir com frequência as coisas que deseja. Do contrário, ele não terá a menor ideia de algumas necessidades suas. É claro que, para comunicar seus desejos, você precisa saber o que quer. Seja sair para jantar, seja fazer uma caminhada juntos, seja outro desejo que precisa ser satisfeito, sinta-se livre para tomar a iniciativa, em vez de ficar chateada porque ele não está fazendo isso.

- ______________________. Pergunte a seu esposo como você pode completar essa lacuna. Existem táticas que você usa durante as discussões que ele considera de baixo nível? Você diz alguma coisa que só piora as coisas quando vocês estão discordando acerca de determinada questão? Se esse for o caso, escreva isso aqui.

É claro que brigar de forma justa não é apenas uma questão de deixar certas práticas. Existem estratégias que podemos adotar para minimizar sentimentos feridos e maximizar uma resolução rápida e construtiva. Resolver conflitos de forma saudável inclui estabelecer certas regras para poder expressar nossas emoções de maneira calma, validar os sentimentos do outro e trabalhar rumo a uma solução.

Estabeleça regras

Tente estabelecer as seguintes diretrizes para resolver conflitos de maneira bem-sucedida:

- *Limite a discussão a um assunto de cada vez.* Em vez de revirar velhos problemas e brigas que não foram resolvidos no passado, limite a discussão a um assunto por vez. Isso permitirá que vocês dois concentrem as energias em uma direção e encontrem uma solução rápida. Se você for incapaz de fazer isso e sentir que precisa puni-lo por seus atos passados, esse é um sinal certeiro de que a falta de perdão constitui um problema no relacionamento.
- *Estabeleça um momento e local adequados para a discussão.* Aprendemos que há momentos e lugares em que precisamos adiar a discussão, pensando na paz. Por exemplo, tente não discutir no quarto, pois esse deve ser um lugar de amor e harmonia no relacionamento (o lugar onde se faz amor, e não guerra). Em vez disso, façam uma caminhada, na qual não há distrações, nem filhos presentes.

  Também aprendi a não brigar enquanto estou passando pela TPM. Tento dizer: "Não estou no melhor estado de espírito para discutir isso agora. Podemos falar sobre isso durante o próximo final de semana?". Buscando a paz, Greg concorda com alegria em colocar o assunto de lado até meus hormônios se acalmarem.

- *Concordem em discordar, quando necessário.* Ganhar uma discussão é bem menos importante do que conquistar o coração de seu esposo. Já houve momentos em que Greg e eu discordamos sobre limites para nossos filhos, em especial no tocante ao tempo que deve ser destinado a jogos de computador. Matthew sabe que, quando estou em casa cuidando dele, não tem permissão para jogar no computador durante mais de uma hora por dia. Mas Greg é mais permissivo nesse aspecto e o deixa jogar durante horas. Greg e eu não conseguimos concordar no que pensamos ser um limite razoável. Por isso, em vez de criar um alvoroço e brigar sobre o assunto, simplesmente concordamos em discordar. Acreditamos que é aceitável nossas crianças entenderem que discordamos em certos assuntos e que tal discordância não constitui uma barreira que permitirá a morte de nosso relacionamento.

É evidente que os conflitos são inevitáveis em qualquer relacionamento íntimo. Não é uma questão de *se*, mas de *quando* as discordâncias surgirão. Passar por conflitos não significa que temos um relacionamento ruim ou que fizemos uma má escolha quando nos casamos. Eles são simplesmente uma oportunidade para os casais entenderem cada vez mais um ao outro e trabalharem para encontrar soluções amistosas. No entanto, *como* lidamos com o conflito tem, sim, um peso sobre a qualidade contínua da intimidade compartilhada. Portanto, nos momentos em que não é possível chegar a um acordo, é importante não permitir que as emoções saiam do controle.

Expresse suas emoções com calma

Uma das piores coisas que podemos fazer quando discordamos acerca de alguma coisa é deixar nossas emoções subirem escadas rolantes, como discutimos no capítulo 7. Os homens, na maioria, acham os acessos emocionais incômodos e só vão fincar ainda mais os pés no próprio ponto de vista, em vez de ser manipulados por gritos ou choro desnecessário.

Portanto, mantenha sua voz num tom normal, encare seu marido, mantenha contato com os olhos dele e até mesmo dê-lhe as mãos ou toque outra parte do corpo. Esse tipo de linguagem corporal é muito mais eficaz do que virar as costas, cruzar os braços ou virar os olhos. Lembre-se, as ações falam muito mais alto do que as palavras.

Não importa se expresse raiva, medo, ressentimento, mágoa ou frustração, você pode fazê-lo com muita eficácia sem manipulação emocional. Em vez de fazer declarações de acusação ("Foi *você* quem gastou aquele dinheiro!"), limite as expressões a seus sentimentos e comece as frases com "eu" ("*Eu* estou preocupada de que estejamos gastando demais nos últimos tempos"). Em vez de falar "Por que *você* sempre sente a necessidade de me corrigir na frente de nossos filhos?", diga: "*Eu* fico envergonhada e nervosa quando você me corrige na frente de nossos filhos".

Lembre-se, nem sempre é *o que* dizemos, mas *como* dizemos que leva o ouvinte a ser defensivo ou cooperativo. A conversa de LuAnn com seu marido, Kurt, ilustra perfeitamente esse fato:

> Tive de aprender muito sobre brigas ao longo de catorze anos de casamento. Por exemplo, aprendi que, se algo é muito importante para mim, uma das piores coisas que posso fazer é insistir em ter tudo do meu jeito e reagir de forma emocional, caso não consiga o que quero. Por exemplo, alguns anos atrás comecei a pensar em comprar equipamentos para acampar: uma barraca, sacos de dormir e tudo de que uma família precisa para isso. Essa era uma atividade que gostávamos de fazer juntos assim que casamos, mas que quase não fizemos depois que tivemos nossa filha. Quando ela tinha cerca de oito anos, mencionei algumas vezes que desejava comprar equipamento para acampar, mas Kurt finalmente disse que não via motivo para isso, já que não acampávamos com tanta frequência. Fiquei desapontada, mas a experiência e a sabedoria me disseram para não fazer pressão sobre o assunto.
>
> Contudo, todas as vezes que pensava sobre isso, ficava chateada de novo. Depois de orar e pedir a Deus para me ajudar a lidar com essa vontade de comprar os equipamentos para acampar, finalmente percebi o que me incomodava tanto no "não" que havia recebido. Eu sempre sonhara em fazer parte de uma família que acampava e concebia os equipamentos de acampar como um investimento no tempo de qualidade da família. Quando me dei conta disso e expliquei tudo com calma para Kurt, ele compreendeu meus motivos de imediato e concordou. Foi tão bom e satisfatório quando ele não tentou controlar a situação, mas se mostrou aberto para entender meu ponto de vista e passou a compartilhar de minha opinião! Se eu tivesse abordado o assunto de outra forma, ou reagido com muita emoção, não acredito que os resultados teriam sido tão positivos.

LuAnn está correta em sua análise. Insistir em ter as coisas do próprio jeito e golpear emocionalmente o marido para conseguir o que queremos pode dar certo a curto prazo, mas com o tempo destrói aquilo que mais desejamos: um companheiro feliz no casamento.

Valide os sentimentos do outro

As mulheres dizem com frequência que desejam uma comunicação mais profunda no nível emocional por parte do esposo. Porém, para a maior parte dos homens se sentir confortável fazendo isso, é necessário que eles saibam que honramos os sentimentos deles, quer concordemos com seu ponto de vista quer não. Se seu marido expuser seus sentimentos, tente não ficar zangada com ele pelas coisas que ele sente. Elogie-o pela coragem de enfrentar o assunto.

Greg e eu saímos juntos recentemente, e eu vi escrito no para-lama de um caminhão a seguinte frase: "Homens também têm sentimentos! Mas quem liga pra isso?". Fiquei triste ao lê-la, porque penso que expressa o que sentem muitos homens, não apenas devido ao mundo em que vivemos, mas por causa das mulheres com quem eles convivem.

Tenho certeza de que Greg confessaria ter-se sentido dessa maneira mais de uma vez. Por exemplo, ele sempre teve aversão pessoal à palavra "burro". É claro que eu nunca o chamei de burro, mas já cometi o erro de dizer algo do tipo: "Por que nós gastaríamos mais com seguro de vida? Isso é burrice!". Na perspectiva de Greg, isso é o mesmo que afirmar: "Você é burro por pensar que precisamos de um seguro de vida maior!". Compartilho esse exemplo por acreditar que uma das principais formas de validar os sentimentos do marido é evitar de forma intencional as coisas que sabemos que o magoarão de alguma forma.

Greg também precisou aprender essa mesma lição. Nos primeiros anos de nosso casamento, íamos algumas vezes à casa de meus pais para nos reunirmos com a família. Lá, meu pai e irmão mais velho sempre acabavam me importunando por causa de qualquer coisinha, só para se divertirem. Como caçula da família, estava acostumada a essas provocações, mas, quando meu marido entrava no meio e lhes dava algum motivo para usar contra mim (revelando algo que havia dito ou feito, ou mesmo reforçando a provocação feita pelos outros dois), a situação perdia a graça para mim. Para Greg, era tudo parte da brincadeira, mas eu me sentia como se estivesse sendo traída por ele. Compartilhei com ele esses meus sentimentos e, embora não compreendesse por que era tão importante para mim que ele não se juntasse a minha família quando eles brincavam comigo, Greg pediu desculpas e concordou em não participar mais daquele tipo de brincadeira, em respeito a meus sentimentos.

Validar os sentimentos de alguém constitui uma maneira de comunicar: "Não sei se me sentiria do mesmo jeito se passasse por essa situação, mas você tem o direito de se sentir dessa forma, e eu sou capaz de respeitar e apreciar isso". Considerar válidos os sentimentos do cônjuge é uma maneira de dizer: "Estou do seu lado. Pode contar comigo. Não vou distorcer a situação, nem usar essa informação contra você ou ter menos consideração por você por se sentir dessa forma. Pelo contrário, minha estima por você cresce ainda mais por confiar a mim seus sentimentos".

Quando validamos os sentimentos do outro, em vez de assumir uma postura de oposição, trabalhar rumo à conciliação torna-se muito mais fácil.

Trabalhe rumo à conciliação

Em momentos de conflito, evite assumir a ofensiva ou ficar na defensiva e bater de frente com o cônjuge. Lembre-se de que vocês fazem parte do mesmo time, lutando pela vitória contra as forças adversárias da raiva, amargura, falta de perdão e assim por diante.

Infelizmente, a maior parte de nós entra num conflito com um objetivo principal em mente: vencer! E normalmente presumimos que, para isso, a outra pessoa tem de *perder*. Mas, se você tem alguma familiaridade com o livro *Seven Habits of Highly Effective People* [Os sete hábitos das pessoas altamente eficazes], de Stephen Covey, com certeza se recorda da estratégia para o sucesso mencionada pelo autor de desenvolver uma mentalidade em que os dois lados ganham. Pensar em ganhar ou ganhar, em vez de ganhar ou perder, não é eficaz apenas nos negócios, mas também nas relações interpessoais, em especial no casamento. A estratégia mais favorável para manter a alegria e a paixão em meio ao conflito é descobrir quais concessões podem ser feitas de modo que vocês dois acabem se sentindo vitoriosos.

Às vezes, a estratégia das duas partes saírem ganhando pode ser desafiadora. Por exemplo, houve uma época em minha família em que bati o pé, insistindo em proibir animais de estimação dentro de casa! Sentia até que tinha o apoio do dr. Phil, pois assisti a um programa no qual ele perguntou a um marido: "Se algo é tão importante para sua esposa, por que você não pode considerá-lo importante também só por amor a ela?". Assim, era nisso que eu estava insistindo com Greg certa noite: "Se é tão importante para mim não ter animais dentro de casa que perdem muito pelo e o espalham por todos os móveis, por que isso não pode tornar-se importante para você por amor a mim?". Não estava preparada para a resposta que Greg daria. Ele explicou com respeito e sinceridade que tinha muitas memórias ternas de crescer numa casa em que havia gatos e desejava que nossos filhos tivessem a mesma experiência. Obviamente, as crianças ficaram do lado do pai, e eram três contra um, ou seja, uma estatística bem ruim.

Peguem leve um com o outro!

Descobri que a fórmula de Randy Fujishin[1] para resolver conflitos de forma construtiva é muito útil e usa um dito popular para expressá-lo: "Peguem leve um com o outro". As maneiras de fazer isso são:

Sentar
Ouvir
Perguntar
Ceder
Beijar

Sentar juntos para colocar os dois no mesmo nível e ajudar a criar o clima para uma conversa focada e sem distrações. *Ouvir* um ao outro com o desejo de entender a natureza real do problema. *Perguntar* de forma não ofensiva, para tornar mais clara sua percepção das preocupações de seu companheiro e assegurar-se de que entende o que o cônjuge está dizendo. Lembre-se de que vocês estão no mesmo time. Portanto, o objetivo de cada conflito é *ceder*, de forma que os dois aceitem a solução e vivam felizes com ela. Finalmente, vocês podem se *beijar* ou demonstrar afeição de alguma outra maneira, para selar o acordo, confirmando o comprometimento contínuo de ambos com o relacionamento.

Decidi que seria criativa e sugeri uma alternativa, pela qual os dois lados sairiam ganhando. Desse modo, não seria a única a perder na situação. Sugeri que os gatos poderiam ficar dentro de casa ao longo do ano sem eu reclamar *se* todos concordassem em mantê-los do lado de fora durante os meses de maior perda de pelo: de abril a setembro. Também perguntei o que eles estavam dispostos a fazer para me ajudar com a casa durante os seis meses em que os animais ficariam livres para permanecer do lado de dentro, para que eu não tivesse de passar tanto tempo limpando. Greg se ofereceu para varrer e passar o aspirador de pó; Erin, para tirar o pó dos móveis; e Matthew, para alimentar os gatos e tirar os pelos dos sofás e cortinas com o rolo apropriado para isso. Todos na casa saíram ganhando naquele dia, inclusive os gatos.

Por mais que seja benéfico seguir essas diretrizes para resolver conflitos inevitáveis, existe uma medida ainda melhor para manter a paz e a harmonia nos relacionamentos: aprender a evitar conflitos.

Tente evitar conflitos

Se os casais destinarem tempo (perceba que eu falei em *destinar* tempo, não em *encontrar* tempo) para se conectarem um com o outro com regularidade, é possível prevenir a formação de conflitos, ou pelo menos evitar que eles tomem proporção maior do que deveriam. O conselheiro profissional Tom Haygood e sua esposa, Nan, descobriram um segredo que parece estar funcionando muito bem para eles:

> Fizemos uma escolha como casal cerca de quinze anos atrás. Isso fez a maior diferença.
>
> Quase todas as noites, nos sentamos de frente um para o outro e nos comunicamos, às vezes por apenas trinta minutos, outras vezes durante horas. Falamos sobre nossos horários, planos, os eventos do dia que se passou, mas, na maior parte do tempo, desfrutamos de nosso relacionamento, conversando sobre como nos sentimos, o que pensamos e desejamos etc. Lidamos com qualquer conflito, sem protelar a confissão, caso ela seja necessária. Se ele não é resolvido, estabelecemos outro momento para abordá-lo novamente. Mantemos contato emocional um com o outro [...] Esse tempo que passamos juntos ocorre de

> forma natural? Não. Nós o planejamos, protegemos, estimamos e algumas vezes lutamos por ele! Amor verdadeiro e duradouro não é algo que simplesmente acontece de forma automática.[2]

De fato, não crescemos nem permanecemos conectados apenas por coexistir na mesma casa e dormir na mesma cama. O amor duradouro exige um esforço tremendo. Relacionamentos fortes demandam trabalho. Os conflitos virão, mas podem fazer nosso casamento se fortalecer ainda mais se selecionarmos nossas palavras com cuidado, expressarmos as emoções com calma, respeitarmos os sentimentos do outro e trabalharmos rumo à conciliação.

Adote um novo lema

Provavelmente, você conhece a frase: "Vale tudo no amor e na guerra". Esse ditado insinua que não existem regras, limites nem diretrizes que não possam ser quebrados para satisfazermos nossas intenções. No entanto, se um ou os dois cônjuges adotam essa perspectiva, o impacto sobre o relacionamento é letal. Sem um planejamento estratégico para manter a paz e a harmonia no relacionamento, em especial durante momentos de conflito, o amor pode tornar-se mais parecido com uma guerra. Desse modo, nos encontraremos em lados adversários, ambos cansados da batalha e nos perguntando quem vencerá afinal.

Em vez de adotar a atitude do "Vale tudo no amor e na guerra", eu a encorajo a aderir ao lema de Jesus: "Se uma casa estiver dividida contra si mesma, também não poderá subsistir" (Mc 3:25). Se você aprender a remar com o conflito, em vez de permitir que ele a divida, sua família poderá permanecer forte no compromisso uns com os outros.

Esta história de *Gifts from the Heart* [Presentes do coração], de Randy Fujishin, retrata um lindo panorama de como pode ser a vida no casamento se aprendermos a brigar de maneira justa:

> Da minha cama, eu conseguia ver a cozinha através do corredor, onde meus pais estavam conversando. Papai parecia chateado, enquanto cochichava com mamãe do outro lado da pequena mesa.
>
> Embora não conseguisse ouvir a conversa, sabia que eles estavam tendo um desentendimento. Depois de conversar por um tempo, mamãe sorriu, levantou

> da cadeira e se dirigiu até onde papai estava. Ela o abraçou pelas costas, e ele riu consigo mesmo [...]
>
> Quando estava no ginásio, perguntei a minha mãe se ela e papai nunca brigavam com o tom de voz ou gestos alterados.
>
> "Não", foi a resposta. "Eu sempre tenho uma escolha quando surgem diferenças entre mim e seu pai. Posso ser mais dura ou mais terna. O casamento é uma longa jornada", continuou ela, "e eu decidi durante nossos primeiros anos juntos que não queria endurecer. Então, resolvi escolher a ternura e deixar fluir".[3]

Essa não é uma excelente meta para todas nós? Escolhamos ser ternas e deixar o conflito fluir, construindo um ao outro, em vez de tentarmos nos rasgar em pedaços. Quando as palavras e o coração permanecem ternos e o compromisso continua firme, a despeito dos conflitos que porventura surjam, a parte do casamento "viveram felizes para sempre" deixa de parecer um sonho tão inatingível, não é mesmo?

14 Um refúgio de segurança

Nosso filho, Matthew, e seu amigo, Oliver, ambos com nove anos na época, estavam sentados no banco de trás do carro. De repente, Oliver virou para Matthew e, com toda a sinceridade, perguntou:

— Você acha que vai se casar um dia?

Matthew respondeu:

— Um dia? Acho que sim. Por quê? Você pretende se casar?

Oliver replicou:

— De jeito nenhum! Eu não acho que vou conseguir encontrar uma garota que me deixe pendurar cabeças de veado na parede e usar uma caixa de equipamentos de pesca como mesa de centro. Por isso, acho que nunca vou casar.

Tudo o que Greg e eu conseguimos fazer foi conter o riso. Ficou claro que deveria haver algumas discordâncias sobre a decoração da sala de estar na casa de Oliver. Greg piscou para mim e disse:

— O Oliver parece um homem cuja casa será seu castelo!

Respondi:

— Parece que será mais uma *cabana* do que um *castelo*...

Greg completou:

— Para um homem, é exatamente a mesma coisa.

Quando ele falou aquelas palavras, uma luz acendeu em minha cabeça. Subitamente, fez todo sentido para mim que Greg fosse tão inflexível quando dizia que nunca nos mudaríamos de novo. Moramos no paraíso para um homem: uma casa rústica de madeira no meio de mais de quarenta hectares de bosque, com um riacho e várias trilhas ao redor, além de um lago repleto de peixes, só esperando para serem pegos.

Eu, por minha vez, poderia encontrar todos os motivos do mundo para desejar uma casa diferente. Já morávamos lá havia seis anos, e, viciada em mudanças, sentia que era tempo de encontrar outro lugar e seguir com a vida. Eu reclamava: "Mas Greg, esse lugar não tem nada a ver comigo!". Queria algo mais claro, mais amplo e mais perto da civilização (*shopping*). A despeito dos sentimentos de Greg, até agendei um horário com um corretor de imóveis, pensando que, se eu encontrasse o lugar ideal, ele certamente cederia e concordaria com a mudança, apenas para me fazer feliz.

Quando contei para ele sobre o horário com o corretor, Greg ficou meio aturdido, mas concordou em ir conosco olhar algumas casas que combinavam mais com meu gosto. No entanto, à medida que explorávamos as várias possibilidades naquele dia, conseguia ler as expressões em sua face. Nenhum outro lugar combinava tanto com ele como a cabana de madeira onde já morávamos. Eis o que estava se passando na mente dele:

> Eu tinha o pressentimento horrível de que a história estava para se repetir. Lembra a casa onde moramos em Dallas, aquela decorada como uma casa de campo de Williamsburg que causava inveja em toda a vizinhança? Shannon amava aquele lugar, mas eu era extremamente infeliz ali dentro. Nunca senti como se pudesse respirar, colocar os pés pra cima e relaxar, mesmo sendo minha própria casa! Pior ainda, não havia nenhuma área para fazer exercícios por perto, para onde eu pudesse escapar, apenas a fim de recuperar as forças e gastar energia. Mas concordei em comprar a casa para fazer Shannon feliz, e nunca teria sugerido nos mudarmos, pois sabia quanto aquele local significava para ela.
>
> Por isso, fiquei muito aliviado quando ela se sentiu impelida por Deus a mudar para o campo. Encontrar uma velha cabana de madeira localizada num amplo pedaço de terra com tanto potencial era um sonho que se tornava realidade e do qual não estava pronto a abrir mão apenas porque Shannon achava que a casa era muito pequena, escura e rústica para se adequar a ela. Mas também me dei conta de que, ao insistir em permanecermos ali, estava fazendo exatamente a mesma coisa que me deixara tão infeliz no passado. Eu não era feliz morando numa casa de campo colonial toda cheia de frufrus no meio da cidade, mas Shannon não estava nem um pouco empolgada com a ideia de passar o resto da vida numa cabana rústica na floresta. Tinha de haver um meio-termo.

Pode parecer meio bobo, mas acreditamos que Deus usou o canal de televisão sobre decoração para salvar nosso casamento. Comecei a assistir a programas de remodelagem, nos quais casas pequenas e escuras eram transformadas em ambientes maravilhosos, claros e amplos. Então, percebi que algumas modificações em nossa cabana de madeira poderiam transformá-la num reflexo de *nós dois*. O brilho voltou aos olhos de Greg quando mencionei a ideia de permanecer naquela casa, mas renová-la para eliminar as coisas de que eu não gostava. Queria mudar alguns cômodos para torná-los mais claros e coloridos do que as paredes interiores marrom-escuras, que eu achava tão deprimentes, e às vezes causavam episódios de "cabanofobia".

Quanto mais Greg e eu conversávamos sobre o assunto, tentando ser sensíveis às necessidades e gosto pessoal um do outro, mais descobríamos que nossos desejos para a casa eram, na verdade, mais semelhantes do que diferentes. Embora as idas às compras fossem algo raro e esparso para mim, preciso admitir que nossa casa era um paraíso para escrever: totalmente isolada das distrações da cidade. Também percebi que aquela terra era importante demais para Greg para lhe pedir que abrisse mão dela. Cortar lenha, abrir novas trilhas para explorações em família e pescar durante os fins de semana eram formas de terapia para ele. Portanto, a solução óbvia era transformar a casa em um lugar que ambos fôssemos capazes de amar, com um equilíbrio delicado de elementos masculinos e femininos. Embora não tenhamos cabeças de veado adornando as paredes nem usemos uma caixa de ferramentas para pesca como mesa de centro, Greg ama o fato de que essa casa seja cada vez mais um castelo para nós dois.

O que os homens desejam numa casa

Com certeza, Greg não é o único homem que deseja uma casa onde possa ser ele mesmo, relaxar e passar tempo de qualidade com a família. Eis o que outros maridos têm a dizer acerca do que desejam em sua casa:

- "Todas as minhas coisas ficam relegadas à garagem, ao sótão ou à lata de lixo. É minha casa também, mas não sinto como se ela fosse um reflexo de quem sou, de minhas paixões e passatempos. Quando perguntei a minha esposa se eu poderia exibir meus troféus de hóquei na estante de nosso escritório, ela me olhou como se eu tivesse ficado maluco e disse: 'Você está brincando, certo?'. Em vez de começar uma briga, fingi que só estava brincando mesmo, embora estivesse falando sério e realmente quisesse expô-los em algum lugar da casa."

- "Recentemente, minha esposa começou o próprio negócio como consultora de vendas de uma linha popular de utensílios culinários. Embora eu aprecie seu espírito empreendedor e disposição em me ajudar nas finanças, essas coisas de cozinha estão tomando todo o espaço da casa! Ela mantém um mostruário na sala de estar para despertar o interesse das pessoas que vêm a nossa casa para ver os produtos. Parece que o telefone nunca para de tocar à noite, ou há pessoas o tempo todo chegando para ver o mostruário ou pegar um catálogo. Ela usa uma pequena escrivaninha em nosso quarto como escritório. Assim, vou dormir e acordo pela manhã encarando catálogos e folhetos por toda parte. Quando as entregas chegam, elas ficam em nossa garagem durante dias até minha esposa conseguir entregar tudo. Por isso, tenho de deixar o carro na rua. Às vezes, sinto que todas essas coisas dela estão entrando no *meu* caminho, mas em outros momentos sinto como se eu estivesse no caminho *dela*. Como posso encorajar minha esposa em seu negócio e ainda assim estabelecer alguns limites, para eu poder voltar a aproveitar nossa casa?"
- "Aprecio o fato de minha esposa se orgulhar de nossa casa, mas sinto que lá dentro preciso pisar em ovos o tempo inteiro. Ela quer que as coisas fiquem tão arrumadas que, se eu esquecer um copo na sala de estar, ganho uma bronca por não colocar minhas vasilhas sujas no lava-louças. Uma casa realmente precisa ser um lugar onde tudo deve estar num estado de perfeição absoluta? Se for assim, nunca será um local onde me sentirei completamente confortável."

Não se pode culpar um homem por desejar que sua casa reflita um pouco a personalidade e os passatempos *dele*, por desejar um território dentro de casa que *ele* possa controlar e por querer liberdade para relaxar e não ter de se preocupar em manter tudo perfeito o tempo inteiro. As mulheres possuem os mesmos desejos. Queremos refletir nosso gosto na decoração, arrumar os cômodos de forma que combinem conosco e ter pelo menos um espaço onde possamos simplesmente fechar a porta sem nos importar com o fato de ele estar ou não apresentável no momento.

É claro que criar um lar confortável para o marido desfrutar não está ligado apenas ao ambiente físico, mas também ao emocional.

Cascas de ovos *versus* fontes de petróleo

O intervalo das cinco às seis da tarde tem um quê de estressante e é chamado de "hora enfeitiçada" em nossa casa. Talvez você compreenda a que estou me referindo. Você trabalhou duro o dia inteiro, dentro ou fora de casa, e agora encara a difícil decisão do que fazer para o jantar. As crianças ficaram ao seu redor o dia inteiro ou voltaram da escola, estão atrasadas com os deveres ou fazendo suas tarefas ou ainda brigando sobre quem vai assistir a que na televisão. O telefone começa a tocar incessantemente, em geral agentes de *telemarketing* chatos tentando lhe vender janelas com acabamento em vinil ou lhe dar férias grátis que, na verdade, são tudo, menos gratuitas. E isso nem parece uma ideia tão ruim nesse momento de grande confusão. Você se dá conta de que, além de preparar o jantar e lavar a louça, precisa pagar as contas, colocar a roupa para lavar, ir a uma reunião de comissão na igreja e criar a fantasia improvisada para seu filho usar na peça da escola no dia seguinte, tudo isso dentro das próximas três ou quatro horas. O estresse é tremendo, e, de repente, seu marido entra em casa sem saber se está pisando sobre cascas de ovos ou sobre uma fonte de petróleo. Greg pode explicar melhor:

> Detesto admitir isso, mas, durante muitos anos, eu sentia medo de voltar para casa depois do trabalho, pois não sabia que tipo de "prêmio de entrada" receberia assim que cruzasse a porta. Nossos filhos pequenos sempre ficavam felizes em me ver e corriam para os meus braços. Mas às vezes Shannon me olhava com um ar de desprezo, como se eu fosse o culpado pelo estresse que ela sentia no momento. Eu entrava pela porta dos fundos, na tentativa de não deixá-la ainda mais chateada do que já parecia estar. Com frequência, eu me perguntava: "O que fiz para ela ficar assim? Nem estava aqui o dia inteiro!".
>
> Entretanto, ocasionalmente eu chegava em casa e descobria que estava numa fonte de petróleo, em vez de pisando em cascas de ovos. Shannon, nessas ocasiões, jorrava ternura, e a mesa se encontrava repleta de minhas comidas preferidas.

> Depois de um tempo, descobri o padrão: após vários dias consecutivos de cascas de ovos, Shannon se sentia mal e tentava compensar fazendo o totalmente oposto. Embora as noites no estilo fonte de petróleo fossem muito melhores do que as do tipo cascas de ovos, o que desejava de verdade era que Shannon conseguisse encontrar equilíbrio, uma média feliz em que não sentisse a pressão de ser uma Julia Child ou Martha Stewart, mas também não se comportasse como a Bruxa Malvada do Oeste.[1] Para mim, não era um grande problema chegar em casa e não encontrar tudo em ordem ou o jantar ainda não servido. Essas coisas eram secundárias comparadas ao desejo simples de ver todos de bom humor. Eu precisava que Shannon estivesse menos estressada no momento em que retornava do trabalho, em vez de sentir a pressão de ter de deixar tudo perfeito para minha chegada.

Acredito que é acertado dizer que o estado de espírito dentro do lar é a parte mais importante da decoração. A casa pode estar belamente arrumada ou limpa, sem uma manchinha sequer, mas a verdade é que, "se mamãe não está feliz, ninguém fica contente!". Até a Bíblia apoia essa teoria. Provérbios 21 declara: "Melhor é viver num canto sob o telhado do que repartir a casa com uma mulher briguenta" (v. 9) e "Melhor é viver no deserto do que com uma mulher briguenta e amargurada" (v. 19). Há dias nos quais seu esposo preferiria viver no canto de um telhado ou no deserto só para não ter de ficar com você? Se a resposta for sim, tente transformar sua casa, de um lugar de conflito, em um santuário de paz.

Como criar um santuário

O lar precisa ser um santuário para a família: um lugar de paz e descanso, onde nosso corpo e alma podem ser nutridos e alimentados por relacionamentos saudáveis. Para criar um ambiente assim em sua casa, tente colocar em prática algumas destas ideias:

- *Planeje quinze minutos diários para uma organização rápida da casa*. Pode não incomodar alguns maridos, mas a maioria não gosta de chegar em uma casa bagunçada. Se você trabalha fora e tem uma babá, peça a ela que deixe as coisas no lugar antes de você chegar em casa. Se você passa o dia em casa, tome a iniciativa de fazê-lo. Não se estresse com a limpeza. Apenas se concentre em colocar as coisas no lugar e transformar a casa em um local mais convidativo e relaxante. Peça ajuda das crianças, entregando um cesto a cada uma para elas poderem entrar em cada cômodo e recolher todas as coisas fora do lugar que lhes pertencem. Marque quinze minutos no cronômetro (dez ou cinco também funcionam, se esse é o tempo que você tem disponível) e faça um jogo no qual todos correm contra o relógio para deixar a casa pronta para a chegada do papai. Isso não é apenas para benefício dele, mas para sua própria sanidade e paz de espírito também.

- *Faça do jantar um momento especial.* Há um bom motivo pelo qual as pessoas se dispõem a pagar 25 dólares por uma refeição num bom restaurante, em vez de gastar cinco em um lugar que oferece *fast food*. É altamente nutritivo para o corpo e para a alma simplesmente diminuir o ritmo, aproveitar o ambiente à luz de velas, com música tranquila ao fundo, comer uma boa refeição juntos e desfrutar da companhia um do outro. Você pode criar essa atmosfera a qualquer momento (gastando até menos que os preços cobrados nos restaurantes de *fast-food*), apenas desligando a televisão, ligando o som e arrumando uma mesa elegante. Não reserve a boa louça e as velas apenas para impressionar visitas algumas vezes por ano. Quem melhor para se sentir especial do que seu próprio marido e filhos? E você não precisa gastar muito para fazer uma refeição simples, nutritiva e caseira. Já servi macarrão pré-pronto em pratos de porcelana e leite com chocolate em taças de cristal, somente para criar um ambiente especial para o ritual de jantar de nossa família.
- *Facilite sua vida.* Se você é como eu, encontrar tempo e energia para preparar uma refeição completa é bem difícil. Sempre que possível, faça uma receita dupla e congele metade. Dessa forma, da próxima vez que não estiver com vontade de cozinhar para o jantar, pode simplesmente aquecer a comida feita em casa. Além disso, assim que seus filhos tiverem idade suficiente, designe uma noite por semana para cada um ser responsável pela preparação do jantar da família. Isso vai aliviar um pouco sua carga e ao mesmo tempo ensinar-lhes a arte da hospitalidade.

- *Dê espaço a ele.* A maior parte dos homens gosta de ter pelo menos um espaço pequeno em casa para chamar de seu, sem ter de se preocupar em mantê-lo arrumado ou decorado para agradar aos outros. Seja a garagem, seja um escritório, seja uma sala de mídia ou um pedacinho do quarto, deixe seu esposo decidir o que deve ficar naquele espaço e como ele será decorado (ou não).
- *Dê-lhe boas-vindas quando ele chegar em casa.* Um dos motivos pelos quais gostamos de voltar para casa e encontrar os filhos é que eles fazem um grande ritual de recepção para nós, com gritinhos, abraços, beijos e disputas de quem vai ser o primeiro. Como você se sentiria se cada vez que chegasse em casa seu marido fizesse questão de recebê-la com um grande sorriso e um cumprimento caloroso? Você se sentiria amada, não é mesmo? Ele sente a mesma coisa quando você lhe dá boas-vindas. Faça ainda melhor: largue o que estiver fazendo, envolva-o em seus braços e lhe dê um beijo de bem-vindo ao lar.
- *Demonstre interesse pelo dia dele.* Se você perguntar como foi o dia, e ele responder com mais do que apenas "Bom!", ouça com cuidado antes de mudar de assunto e começar a falar de seu dia. Ele provavelmente está lhe dando pistas de como está se sentindo naquele momento, e é importante que você esteja atenta a elas.
- *Não o transforme em seu alvo.* Se você teve um dia difícil ou há algo que a está incomodando, não desconte em seu marido assim que ele entrar pela porta de casa, nem se apresse para falar das coisas que você espera que ele faça. Tente tratá-lo como um bom ouvinte, não como o alvo num jogo de dardos, e pergunte se ele tem um tempo durante a noite para conversar sobre algo que a está preocupando.
- Se você está de muito mau humor e não quer mesmo conversar, é aceitável dizer simplesmente: "Acho que não estou sendo uma companhia muito agradável hoje, mas fique tranquilo que isso não tem nada a ver com você, tudo bem?". É bem provável que ele lhe dê o espaço de que você precisa. Se estiver necessitando de um dia ou noite de folga para relaxar e desestressar para o bem da família, peça isso!
- *Elogie quando ele ajuda.* Sempre que seu marido fizer algo para ajudar na casa ou com as crianças, expresse apreciação sincera. É fácil pensar:

"Bem, isso é obrigação dele, não é? Por que tenho de lhe agradecer simplesmente por estar fazendo sua parte?". Porém, lembre-se, todos nós gostamos de ser apreciados e de receber elogios por fazer nossa parte. O natural é que tal reconhecimento só nos motive a desejar servir aos outros ainda mais.

- *Dê mais importância à paz do que à ordem.* Não permita que coisas pequenas, como meias sujas no chão, uma lata de lixo transbordando ou vasilhas sujas na sala de estar destruam a paz ou a união em seu relacionamento.
- *Faça do tempo de qualidade uma prioridade.* Não permita que outras pessoas privem sua família de desfrutar de tempo de qualidade! Educadamente, recuse convites para fazer parte de um grupo ou participar de uma equipe se isso significar muito menos tempo em família ou uma carga acentuadamente maior de estresse sobre você. À noite, limite as distrações, deixando a secretária eletrônica responder aos telefonemas. Você pode ligar de volta num horário mais oportuno. Dê a sua família o presente da atenção integral.

Seu eu verdadeiro

Criar um refúgio de segurança para minha família nem sempre é fácil, e não tenho sucesso nisso todos os dias. Porém, por amar meu marido e filhos, sempre *desejo* ter esse sucesso. Demanda tempo, energia e foco, mas trata-se de um ministério em que vale a pena investir.

Sempre me ajuda a lembrar de que meu eu verdadeiro não é a pessoa que os outros veem ensinando em uma plataforma ou falando em frente às câmeras. Esse é meu lado público. Meu *verdadeiro* eu é o meu lado *particular*, a pessoa com quem meu marido e filhos têm de conviver. Se eu ministrar para o mundo inteiro e, ao mesmo tempo, negligenciar as necessidades de minha família e endurecer o coração de seus integrantes a meu respeito por ser ocupada demais ou de convivência muito difícil, o que terei ganhado com isso? Paulo respondeu a essa pergunta dois mil anos atrás:

> Ainda que eu fale as línguas dos homens e dos anjos, se não tiver amor, serei como o sino que ressoa ou como o prato que retine. Ainda que eu tenha o dom de profecia e saiba todos os mistérios e todo o conhecimento, e tenha uma fé

> capaz de mover montanhas, se não tiver amor, nada serei. Ainda que eu dê aos pobres tudo o que possuo e entregue o meu corpo para ser queimado, se não tiver amor, nada disso me valerá.
>
> 1Coríntios 13:1-3

"Nada disso me valerá." Essas palavras são fortes, mas retratam muito bem a importância do amor, em especial dentro de nosso lar. Portanto, que o amor demonstrado por nós ao marido e filhos por meio de atos simples de criar refúgios de segurança para nossa família sejam o tipo de amor a que Paulo nos convida no trecho seguinte desta passagem:

> O amor é paciente, o amor é bondoso [especialmente quando estamos sozinhos em casa com nossa família]. Não inveja, não se vangloria, não se orgulha [nem mesmo quando podemos fazer melhor do que o outro está fazendo]. Não maltrata, não procura seus interesses [especialmente quando os interesses do outro são aceitáveis, mas diferentes dos seus], não se ira facilmente, não guarda rancor [nem lembra quantas vezes recolhemos meias sujas do chão]. O amor não se alegra com a injustiça, mas se alegra com a verdade [e sempre que ele diz: "Vou lavar a louça"]. Tudo sofre, tudo crê, tudo espera, tudo suporta [mesmo nas TPMs e quando a bruxa está solta].
>
> 1Coríntios 13:4-7

PARTE 5

Inflamando a chama

15 Colocando fogo no coração dele

Alguns anos atrás, fui a um bonito casamento realizado em local aberto, no qual o jovem casal pronunciou os votos sob um frondoso carvalho. Não eram votos típicos. Eram sentimentos elaborados com muito cuidado, que o noivo e a noiva haviam escrito especificamente um para o outro. Não me lembro das palavras exatas que disseram, mas um eloquente trecho em particular permanecerá para sempre em minha mente. Olhando bem dentro dos olhos do noivo, a noiva proclamou, radiante: "E eu livremente *o adorarei com meu corpo*".

Pude perceber que essas palavras criaram uma onda de surpresa entre os convidados, pois as pessoas começaram a olhar umas para as outras com as sobrancelhas erguidas e sorrisinhos. Não sei o que estava se passando na mente de todos os outros, mas eu estava pensando: "Que presente essa moça será para o marido!". Minha amiga concordava comigo, pois se inclinou em minha direção e sussurrou: "Olhe o sorriso no rosto do noivo! Ele sabe a grande sorte que tem!".

A maioria das noivas se sente como essa moça no dia do casamento, e talvez durante meses ou mesmo alguns anos depois disso. Mas manter tal paixão pelo sexo com o esposo pode constituir um desafio. E a maior parte dos homens não nega que se trata de um desafio que desejam desesperadamente que a esposa supere.

Sexo numa bandeja de prata

Embora algumas mulheres suponham que basta estar disponível para fazer sexo uma ou duas vezes por semana e, assim, atender às necessidades sexuais do marido, os homens confessam que desejam muito mais da esposa. Reflita sobre estas estatísticas:

- Noventa e oito por cento dos homens afirmaram que "fazer sexo o suficiente" não era, por si só, o bastante. Era importante para eles se sentirem queridos e desejados pela esposa.
- Oitenta e seis por cento dos homens disseram que, mesmo se a esposa oferecesse a quantidade de sexo desejada por eles, mas fizessem isso com relutância ou apenas para atender às necessidades deles, não se sentiriam sexualmente satisfeitos.
- Oitenta e seis por cento dos homens declararam que teriam um sentimento maior de bem-estar e satisfação com a vida se a esposa fosse uma parceira sexual interessada e motivada.[1]

Essas estatísticas demonstram o desejo dos homens de ter mais do que passei a chamar de "sexo numa bandeja de prata". Querem se sentir especiais e aceitos quando fazem amor. Querem que a esposa sinta desejo sexual por eles.

Quando a mulher perde o interesse, o marido se sente enganado. Não é diferente de como uma mulher se sente enganada quando o esposo parece estar desinteressado em suprir suas necessidades emocionais. Satisfazer as necessidades um do outro, tanto as sexuais quanto as emocionais, é, sem sombra de dúvida, uma via de mão dupla. Os maridos desejam que sejamos tão empolgadas e apaixonadas em atender às necessidades sexuais deles quanto queremos que eles o sejam ao satisfazerem nossas necessidades emocionais.

À medida que passei a tentar ser uma parceira sexual mais interessada para Greg, aprendi que a sexualidade compreende quatro elementos únicos, os quais se encontram intrinsecamente entrelaçados. Descobri que, ao buscar conexão física com ele, estou abrindo as portas para uma conexão emocional, mental e espiritual mais íntima também. Essa revelação me ajuda a ficar na expectativa de fazer amor com ele da mesma maneira que espero ansiosa por caminhar, conversar ou cultuar a Deus com ele. Tive a alegria de descobrir que meu interesse em me conectar com Greg fisicamente o tem inspirado a se conectar comigo em outras áreas também.

Para ajudá-la a compreender sua própria sexualidade, a fim de poder tornar-se uma amante mais disposta, vamos voltar à analogia que já mostrei nos outros livros que escrevi.

Sexualidade em cima da mesa

Assim como uma mesa possui quatro pés para sustentá-la, temos quatro componentes distintos que formam nossa sexualidade: os aspectos físico, mental, emocional e espiritual. Essas quatro partes se combinam para formar o indivíduo sexual único que Deus nos criou para sermos. Em outras palavras, nossa sexualidade não é *o que fazemos*, é *quem somos*, e somos feitos de corpo, mente, coração e espírito, não apenas de um corpo. Se um dos pés é negligenciado, a mesa perde o equilíbrio e logo se transforma numa rampa. E para onde essa rampa conduz? Para o poço do descontentamento conjugal, ou até mesmo para escapadas sexuais, se nos sentirmos tentados a procurar satisfação em um desses pilares fora do casamento.

Quando nos desconectamos de um desses componentes e falhamos em atender a ele de maneira saudável, as tempestades da vida podem trazer devastações à estabilidade de nosso relacionamento conjugal. Talvez você já tenha vivenciado uma dessas tempestades e sentido que as coisas não estão bem equilibradas. Talvez você seja uma das várias mulheres que sentem o casamento preso sob uma negra nuvem, pois não experimenta êxtase matrimonial há muito, muito tempo. Oro para que, ao ler os capítulos desta parte do livro, tais nuvens abram espaço para novos raios de esperança e que os momentos de alegria conjugal logo voltem a reinar.

Nas páginas seguintes, exploraremos maneiras de você satisfazer os desejos sexuais mais profundos de seu esposo entrando mais em contato com a própria sexualidade. Analisaremos algumas atitudes, pensamentos e comportamentos que podem quebrar um dos "pés" de seu desejo sexual e prejudicar seu casamento. Também discutiremos sobre como você pode fortalecer cada um desses pilares, garantindo que se relacionará com seu esposo de forma que o casal seja unido cada vez mais.

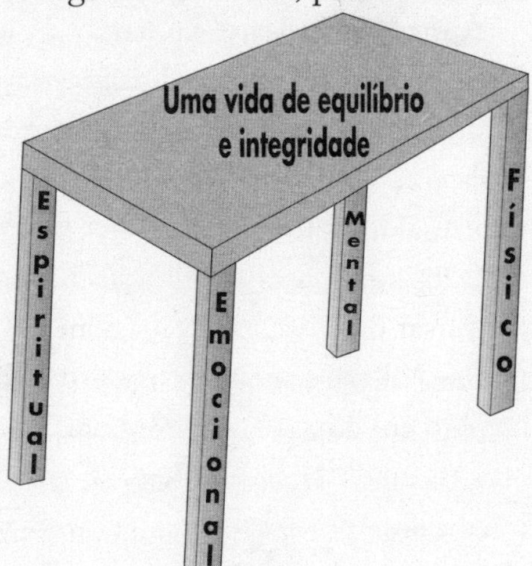

Por favor, lembre-se de que o foco principal deste livro é o que uma mulher pode fazer para acender a chama da alegria e da paixão no marido. Se você gostaria que seu esposo aprendesse mais sobre como ele pode atender aos *seus* desejos mais profundos, sugira de forma amável a leitura de *Every Man's Marriage* [O casamento de todo homem].

Criando o clima

A satisfação emocional e sexual genuína só pode ser descoberta dentro de um relacionamento conjugal, não por meio de um caso extraconjugal, masturbação solitária, fantasias lascivas de outras pessoas e assim por diante. Deus arquitetou o plano perfeito de um homem e uma mulher se juntarem numa união inabalável chamada casamento, na qual poderiam estar nus e não se envergonharem, assim como Adão e Eva antes de o pecado entrar em cena e eles se esconderem de vergonha (cf. Gn 2:25 e 3:7).

De acordo com esse desígnio perfeito, seu marido tem o papel mais importante, e Deus a elencou como a atriz principal. Talvez este trecho de *Wild at Heart* [Coração selvagem], de John Eldredge, sobre como Rute usou seu charme feminino dado por Deus para inflamar o coração de Boaz a ajude a visualizar o papel magnífico que foi dado a você.

> A igreja realmente tem diminuído as mulheres quando diz que sua beleza é vã e que demonstram o maior grau de feminilidade quando estão "servindo a outros". A mulher é feminina em grau máximo quando se comporta como mulher. Boaz está precisando de uma ajudinha para tomar a iniciativa, e Rute tem algumas opções. Ela pode atormentá-lo: "Você só trabalha, trabalha e trabalha. Por que não encara a situação e se comporta como homem?". Ela pode choramingar: "Boaz, por favooor, vamos logo, case-se comigo". Pode duvidar de sua masculinidade: "Pensei que você fosse homem de verdade. Pelo visto, estava errada". Ou pode usar tudo o que é como mulher para fazê-lo usar tudo que tem como homem. Ela pode despertar, inspirar, energizar... seduzir. Pergunte a seu marido o que ele preferiria.[2]

Você está pronta para acender a chama da paixão de seu esposo? Para inspirá-lo e energizá-lo? Para seduzi-lo com amor e ser a companheira sexual que ele tanto deseja? Se estiver disposta, continue lendo para aprender mais sobre como se tornar uma amante mais disposta e uma esposa mais satisfeita no âmbito sexual.

16 A conexão entre mente e físico

É O FIM DA TARDE, E O telefone toca. Em vez do agente de *telemarketing* esperado, você fica surpresa ao descobrir que é seu marido. Ele quer saber se pode levar uma babá para casa a fim de levar você a seu restaurante preferido, para uma noite relaxante de boa comida e ótima conversa. Ele não tem segundas intenções. Apenas deseja passar tempo com você e encher seu tanque de amor, simplesmente porque a ama. Parece bom demais para ser verdade? Talvez sim, talvez não.

Tire esse cenário da mente e visualize este outro: você pega o telefone e liga para seu marido, dizendo que acabou de mandar as crianças para a casa de uma amiga, para ficarem lá de noite. Você diz que não quer colocar uma roupa especial para sair; prefere *tirar* a roupa e ficar *dentro* de casa com ele! Você explica que, se ele pegar uma *pizza* no caminho de volta para casa, você criará o clima para uma noite maravilhosa de amor juntos. Você acha que ele vai ter pressa em sair do escritório? Acha que ele sentirá paixão e alegria em seu caminho de volta para encontrá-la? Pode apostar que sim!

Agora deixe-me perguntar: você está disposta a chegar a esse ponto para satisfazer as necessidades sexuais de seu marido, assim como espera que ele supra suas necessidades emocionais?

Muitas mulheres pensam que nossos desejos emocionais são extremamente superiores aos desejos sexuais do marido. Vemos nossa necessidade de conexão emocional como legítima e boa. Afinal de contas, Deus é muito amoroso e deseja relacionamento íntimo conosco. Mas temos dificuldade em imaginar que a necessidade masculina de conexão sexual é tão legítima e boa quanto a nossa. É nesse ponto que nossa teologia erra.

Seu marido, assim como todos os homens, foi feito à imagem de Deus, e Deus mesmo declarou que tudo em sua criação era "muito bom". Deus sabia que Adão e todos os seus descendentes homens seriam visualmente estimulados e ansiariam pelo toque físico? Que desejariam profundamente relações sexuais frequentes e apaixonadas? Sim. Deus designou o homem para ser assim, e não podemos chamar de pecaminoso o que Deus declarou santo.

Não sou capaz de explicar esse mistério, mas acredito que, quando chegarmos ao céu, vamos dizer "Aha!", ao ser capazes de entender a conexão entre sexualidade masculina e a espiritualidade de Deus. Enquanto isso, precisamos acreditar que o papel da esposa como a única fonte de satisfação sexual do marido constitui um chamado elevado e divino.

Para cumprir esse chamado, precisamos reconhecer a conexão entre os aspectos físicos e mentais de nossa sexualidade. Se, quando pensamos em ser sensuais com o esposo, batemos de frente com um muro que parece impossível de ser superado, extinguiremos rapidamente a chama da alegria e da paixão do marido (juntamente com a nossa). Mas, se aprendermos a escalar esse muro, do outro lado encontraremos alegria e paixão esperando por nós e por nosso esposo também.

Esbarrando no muro *versus* escalando o muro

Muitas mulheres me contam que amam o marido e até desfrutam de orgasmos ocasionais, mas, quando o marido toma a iniciativa de fazer sexo, elas frequentemente não estão nem um pouco interessadas. Às vezes, chegam a confessar que têm o desejo de que o sexo não fosse uma "exigência" dentro de um relacionamento, porque não sentem muita necessidade de fazê-lo.

Se você já teve pensamentos desse tipo, permita-me lembrá-la de que Deus criou as mulheres, assim como os homens, para serem seres sexuais. Portanto, mesmo se a estimulação e a satisfação sexual não forem necessidades fortemente sentidas por você, ainda assim elas constituem necessidades que você tem. Talvez elas estejam profundamente enterradas ou mascaradas, mas continuam a existir mesmo assim.

Sem dúvida, houve momentos em que Greg estava interessado em fazer sexo, mas eu não me sentia mentalmente preparada para isso. Eu mantinha o pensamento em minha mente por um ou dois segundos, para ver se conseguia reunir um pouquinho de desejo que fosse. Se eu sentisse que estava esbarrando em um muro e que não seria capaz de conseguir energia suficiente para escalá-lo, minha resposta em geral era: "Não, não essa noite", seguida de alguma desculpa esfarrapada.

No entanto, passei a entender que um homem pode levar para o lado pessoal a rejeição da esposa. Ele sente como se ela estivesse dizendo "não" para várias coisas além do sexo: não para ele, para seu amor, sua atenção, afeição e desejo de conexão com ela. Também descobri que, mesmo se não estivesse sentindo desejo algum no momento em que Greg tomava a iniciativa, o desejo afloraria rapidamente se eu me engajasse em algumas atividades sexuais por amor a ele e por minha vontade de receber o amor que ele queria me dar. Em outras palavras, posso optar por escalar o muro, em vez de permitir que ele seja uma barreira para a união que Greg e eu podemos experimentar.

E o que normalmente encontro do outro lado do muro? Euforia. Alguns dos momentos de mais intenso prazer que vivenciamos ocorreram em dias nos quais meu cérebro havia dito inicialmente que eu não estava interessada. Até já pensei (e verbalizei) várias vezes algo do tipo: "Quero que você faça isso comigo todas as noites!". Embora o apetite sexual de Greg nunca tenha sido grande o bastante para entender essas palavras de forma literal, o coração dele fica em chamas por saber que aprecio sua parceria sexual a ponto de desejar sinceramente tal coisa.

Você está pronta para aprender a escalar o muro, a fim de poder, da mesma maneira, encontrar euforia do outro lado? Se esse for seu desejo, vamos averiguar que preparação é necessária para a aventura da escalada.

Preparando seu corpo e mente para a paixão

Já foi dito que, para a mulher, o prazer sexual e o orgasmo são 95% de ordem mental e apenas 5% de ordem física, dando ênfase ao papel-chave da preparação da mente no processo de fazer amor feminino. Embora ninguém possa atribuir uma porcentagem exata à importância de cada um desses componentes na criação de uma resposta sexual prazerosa, acredito na verdade que o preparo mental pode resultar em encontros sexuais mais frequentes e incrivelmente satisfatórios.

Como uma mulher pode se preparar mentalmente para uma experiência sexual apaixonante com o marido? Passo a compartilhar algumas ideias para inspirá-la:

- *Pense com antecedência.* Muitas vezes, não conseguimos encontrar energia suficiente para fazer algo simplesmente porque nos esquecemos de planejar com antecedência. Por exemplo, se sei o que vou fazer para o jantar hoje à noite e tenho todos os ingredientes de que precisarei, cozinhar não me parecerá difícil demais. Porém, se eu falhar em preparar e planejar, entrarei na cozinha às seis da tarde e me sentirei sobrecarregada, sem ideia alguma do que servir para minha família. Algo semelhante ocorre em relação ao sexo. Se eu entrar no quarto às dez da noite planejando apenas dormir o mais rápido possível, a ideia de fazer sexo antes de cair no sono pode parecer uma montanha alta demais para ser escalada. No entanto, se mais cedo, ao longo do dia, fiquei pensando em como gostaria de impressionar meu esposo (ou ser impressionada!) e antecipei tal experiência em minha mente, serei capaz de entrar no quarto às dez da noite com energia disponível.
- *Elimine as distrações.* Distrações mentais no quarto podem ser verdadeiros assassinos da paixão. Pode ser um telefone tocando no meio de um momento mágico, a televisão zumbindo o tempo inteiro ou o computador fazendo barulhos periódicos anunciando a chegada de novos *e-mails*. Pior ainda, pode ser um filho que sai do quarto e entra pedindo um copo d'água. Faça o que for possível para evitar essas distrações, de modo que consiga concentrar-se exclusivamente em seu esposo. Tranque a porta do quarto para não correr o risco de visitas-surpresa, tire o telefone do gancho, desligue a televisão e o computador. Esse tempo é de *vocês*, portanto não se sinta mal por se livrar das distrações em potencial.
- *Crie um clima.* É difícil para as mulheres se sentirem românticas quando estão num quarto cheio de bagunça ou que elas detestem. Dedique alguns instantes à organização do quarto regularmente, para ter um sentimento de paz e tranquilidade. Pense na ideia de acender uma vela ou de colocar uma música suave para tocar. Caso ache a decoração do quarto muito desestimulante, pergunte a seu marido se você pode passar um fim de semana fazendo uma reforma radical. Quando ele souber que o motivo é você se sentir mais inspirada a fazer sexo com mais frequência, ele provavelmente lhe entregará o cartão de crédito com um sorriso no rosto e se oferecerá para levá-la à loja de tintas.

A preparação mental é apenas parte do plano de batalha. Preparar-se fisicamente tem o mesmo peso. Portanto, aqui vão outras ideias práticas para inspirá-la:

- *Reserve um pouco de tempo e energia para ele.* Sempre que possível, controle seu tempo e disposição de modo que tenha um pouco de sobra para oferecer ao marido à noite. Não adie coisas até a noite se você pode fazê-las à tarde. Encontrem tempo livre em suas horas de folga para ficarem juntos como casal. Para quem tem filhos, isso pode ser um desafio. Nós dizemos a nossos filhos: "Não colocamos vocês na cama depois das 22 horas". Se eles querem conversar com um de nós, precisam fazê-lo antes do horário de dormir, para não interferir no momento sagrado da mamãe e do papai, entre as 22 e as 23 horas.
- *Mime a si mesma!* Não sinta culpa em dedicar meia hora para cuidar de si mesma e, assim, conseguir entrar melhor no clima do sexo. Se eu estiver me sentindo grudenta depois de um dia longo no calor do Texas, ou se minhas pernas estiverem com a textura de um porco-espinho, será difícil trabalhar para acender o desejo sexual. Mas se acabei de sair de um delicioso banho de espuma com água morna na banheira, com as pernas recém-depiladas, Greg não vai precisar me convencer muito para eu ficar física e mentalmente pronta a me conectar com ele. Também recomendo a você colocar a higiene pessoal em sua rotina diária. O uso regular de um sabonete íntimo (que possua o ph natural dessa região do corpo, para ser usado na parte externa da vagina) lhe dará a confiança de começar o jogo sexual no momento em que um dos dois estiver com vontade.
- *Transforme o toque físico em uma prioridade.* Mesmo se você não estiver com vontade de fazer sexo por qualquer razão que seja, faça algum tipo de contato pele a pele com seu marido com a maior frequência possível, para que ele possa ter prazer em suas atenções físicas. Façam uma caminhada juntos de mãos dadas. Sente-se ao lado dele no sofá com a mão em sua coxa, enquanto estiverem assistindo ao programa favorito na televisão. Ofereça uma massagem nas costas, ou peça a ele que passe creme em seus pés. Muitas vezes, o simples envolvimento nessas atividades a colocará no estado de espírito adequado para se sentir mais sensual e cheia de paixão por seu esposo.

A preparação física e mental pode ajudá-la não apenas a se tornar uma amante mais disposta, mas também a se livrar de inibições injustificadas que você por acaso sinta.

Inibição *versus* exibição

Quando não há ninguém por perto, somente você e seu marido, que pensamentos subconscientes dirigem seu comportamento na privacidade do quarto? Em geral, você fica inibida, envergonhada do próprio corpo e mais inclinada a cobri-lo para que seu esposo não veja as coisas que lhe dão vergonha? Ou possui uma postura mais exibicionista, sentindo liberdade de deixar seu marido se deliciar com os olhos sempre que desejar? A inibição excessiva pode constituir uma grande destruidora da intimidade tanto para o marido quanto para a mulher, enquanto exibição razoável pode ser um estímulo.

A maioria dos homens anseia por estimulação visual quase na mesma proporção em que anseia pelo ar e pela água. Quando colocam os olhos em algo sensual, seu corpo experimenta uma reação imediata de prazer. Fred Stoeker chama isso de explosão química em *Every Heart Restored* [A restauração de todo coração], livro que escreveu juntamente com a esposa Brenda. Numa conversa que teve com seu filho pré-adolescente, Fred explica:

> Quando olhamos para mulheres sem roupa, acontece uma reação química em nosso cérebro que alguns afirmam ser muito semelhante à que ocorre quando alguém consome cocaína [ou seja, vicia] [...] Quando nossos olhos se prendem a imagens de mulheres nuas, substâncias químicas relacionadas ao prazer enchem o centro límbico de prazer do cérebro. Como a sensação é boa, sentimos vontade de voltar para dar outra olhada. Por isso, muito frequentemente nosso comportamento de vício [em pornografia ou em olhar outras mulheres] não tem origem na falta de amor pela esposa. Em vez disso, está conectado aos picos de prazer estimulados pelas imagens que entram pelos olhos [...]
>
> [Essa] explosão química não é uma escolha e nem sempre é consciente. O que acontece é que a beleza do corpo de uma mulher simplesmente atinge os olhos e em seguida o centro de prazer do cérebro [...]
>
> A maior parte dos homens admite que entende muito bem essa pequena explosão. É um rápido e pequeno golpe [...] que traz uma curiosidade natural em relação às mulheres.[1]

Encaremos a realidade: como mulheres, nunca compreenderemos qual é a sensação dessa explosão química. Nunca entenderemos completamente como é almejar a estimulação visual. Podemos até ver um homem bonito e musculoso de sunga e pensar: "Eca! Que horror! Vá colocar uma roupa!". Mas é raro, muito raro, encontrar um homem que sentiria nojo de uma mulher bonita de biquíni fio dental. Um homem pode até desviar o olhar, mas por uma questão de disciplina, e não de nojo. A maior parte dos homens precisa aprender a lidar com seus olhos naturalmente errantes e treiná-los para permanecerem focados na esposa. É uma disciplina que exige grande determinação de um homem, e você pode ajudá-lo, inspirando-o a manter os olhos concentrados em você.

Um dos melhores presentes que você pode dar a seu esposo é deixar que ele contemple seu corpo nu ou quase sem roupa todas as vezes que ele quiser. Greg confirmou isso para mim de maneira muito significativa recentemente. Já fazia tempo que eu não lavava roupa e estava sem nenhum sutiã limpo para usar numa reunião da igreja à noite. Por isso, coloquei uma calça *jeans* e uma blusa de alcinhas com sutiã embutido, com a intenção de colocar outra blusa por cima quando terminasse de fazer cachos em meu cabelo. Greg chegou do trabalho e me viu no banheiro vestida apenas com o *jeans* e a blusa de alcinha, e acabamos chegando tarde na igreja porque ele não parava de me acariciar. Você acha que eu me importei? De jeito nenhum! Fiquei me sentindo muito lisonjeada por ele pensar que eu estava tão *sexy*. Com o tempo, passei a entender que o toque físico é a forma que meu marido tem de dizer: "Mulher, eu a amo!" e me senti muito amada naquele momento.

Naquela mesma noite, Greg e eu vimos outra mulher vestindo uma blusa de alcinha do mesmo estilo, mas sem nenhuma outra blusa por cima. Percebi que Greg evitou olhar para ela a noite toda, mas não tirou os olhos de mim com aquela blusinha depois que chegamos em casa e tirei a blusa de cima. Fizemos amor naquela noite, e Greg derreteu meu coração com as palavras que falou. Eis a perspectiva dele sobre essa conversa, que acredito representar como os homens cristãos se sentem:

> Sou tão grato porque minha esposa se veste com modéstia em público! Eu detestaria ver outros homens olhando para ela embasbacados. Mas sou igualmente grato porque ela não é nem um pouco inibida na privacidade de nosso quarto.

> Eu estava me sentindo tão transbordante com esse sentimento aquela noite que não resisti e disse: "Shannon, sou muito feliz porque você sempre me deixa olhar seu corpo! Sei que posso vir para casa e beber de sua beleza o tanto que quiser! E a melhor parte disso é que não preciso sentir culpa nenhuma!".

Eu a encorajo a dar esse presente a seu marido também. Você não precisa vestir-se como uma prostituta. Seu marido pode preferir vê-la de camiseta e calcinha, com uma *lingerie* bonita ou a roupa de malhar que revela muito para ser usada na academia, mas perfeita para se exercitar no chão do quarto enquanto ele olha. Apenas descubra que tipo de roupa (ou falta dela) o provoca mais e permita que ele a veja assim com a mesma frequência que a vê de moletom grosso ou pijama de flanela.

Vou me aprofundar um pouco mais nesse ramo da vulnerabilidade e lhe contar como minha conversa com Greg continuou naquela noite, pois espero ajudá-la a superar quaisquer inibições que tenha em se tornar mais exibicionista para seu esposo. Quando Greg fez aquele elogio tão doce sobre como acendo seu fogo permitindo que ele me olhe com frequência, respondi:

— Com certeza, você vai gostar de olhar ainda mais quando eu conseguir perder esses cinco quilos extras!

Ele olhou para meu corpo e disse:

— Shannon, não imagino que você conseguirá parecer ainda mais bonita pra mim do que neste exato momento.

Existe uma mensagem poderosa, libertadora nas palavras de Greg, amigas! Não podemos permitir que alguns quilos a mais de vaidade levem a tal inibição a ponto de privar o esposo de uma das coisas que ele mais deseja: estimulação visual. Seu marido não está tão preocupado com o número de seu manequim quanto com sua disposição em deixá-lo olhar você naquele vestido (e sem ele!). Os esposos, na maioria, chegam a afirmar que não precisam nem desejam que sua mulher se pareça com as celebridades anoréxicas. O que eles querem é contemplar as curvas da esposa, independentemente do tamanho. Seu marido quer que você se sinta tão bem a respeito de si mesma que esteja disposta, sem hesitação, a permitir que ele fique com os olhos vidrados em você em qualquer momento que desejar.

Se o excesso de peso está destruindo sua confiança na área sexual, procure aconselhamento e entenda a raiz de seu problema de peso. Em geral, existe uma razão emocional para comermos em demasia, e as razões se encontram frequentemente associadas a nossa infância ou primeiras experiências sexuais. Compreender tais conexões emocionais pode liberá-la para optar por uma nutrição apropriada e fazer do estilo de vida saudável uma prioridade. Quando você se sentir melhor em relação ao próprio corpo, ficará muito mais motivada para compartilhá-lo com seu marido.

Com certeza, não é realista pensar ou esperar que a esposa *sempre* esteja preparada e ávida para fazer sexo. Haverá momentos em que você estará doente de verdade ou cansada demais, e isso é normal. No entanto, sua resposta às propostas sexuais que ele faz pode contribuir para inflamar ou extinguir a chama da paixão por você.

Procrastinação *versus* iniciativa

Reflita sobre estes *e-mails* de homens em resposta à leitura de *A batalha de todo homem*:

- "Para mim, parece muito mais fácil me masturbar do que encarar a possibilidade de rejeição por parte de minha esposa. Já ouvi 'não' tantas vezes que desisti quase completamente da esperança de escutar um 'sim'."
- "Sinto-me mais confiante em pedir aumento a meu patrão do que em convidar minha esposa para fazer sexo. E, caso meu chefe rejeite o pedido, provavelmente não me sentirei tão ferido quanto com a rejeição de minha esposa."

Você acha esses *e-mails* tão esclarecedores quanto eu? Quando você tem consciência de como sua falta de interesse por sexo magoa seu marido, isso pode motivá-la a ser mais sensível em sua maneira de responder naqueles momentos em que você realmente *não* está em condições. Assim, em vez de um "não" seco e direto, considere dar uma resposta mais promissora, como: "Esse não é um bom momento para mim, mas podemos arranjar algum tempo de manhã ou amanhã à noite? Ou no próximo fim de semana?". Deixe seu marido saber que você está interessada em se conectar com ele de forma apaixonada (o ideal é que isso aconteça no dia seguinte, ou num futuro bem próximo), mas que prefere esperar por um momento mais oportuno para estar mais presente, mental e emocionalmente, ou fisicamente energizada. Então, dê prioridade a esse tempo, da mesma maneira que gostaria que ele o fizesse com uma noite de encontro com você. Em vez de entender essa atitude como procrastinação ou rejeição, seu marido se sentirá honrado por seu esforço consciente de aproveitar um momento mais oportuno no futuro próximo para uma conexão física apaixonada com ele. E ficará derretido quando *você* se aprontar e for a responsável por tomar a iniciativa.

Informe-o também de que *está* pensando em assumir comportamentos sexuais com ele, mesmo se a conexão física não for uma possibilidade. Às vezes, Greg está fora da cidade ou preso no escritório o dia inteiro, mas ligo só para dizer: "Pensar em você me deixou com uma vontade... Queria que você estivesse aqui agora mesmo!". Quando um homem sabe que tem uma parceira interessada esperando por ele em casa, não trabalhará até tarde, a menos que tenha necessidade absoluta de fazê-lo.

Se você não sente liberdade ou desejo para tomar a iniciativa ou se engajar em intimidade sexual com seu esposo, tome algumas medidas para transpor essa barreira. Um primeiro passo simples é ler juntamente com seu marido um livro excelente chamado *A Celebration of Sex* [Celebração do sexo], do dr. Doug Rosenau. Ele é um ótimo conselheiro cristão e terapeuta sexual. Muitos casais (inclusive Greg e eu) consideram esse livro bastante revelador, sem trazer constrangimentos, e benéfico para o relacionamento sexual. Também não hesite em encontrar um bom conselheiro ou terapeuta sexual em sua região, caso necessário. É para isso que eles existem, e o relacionamento sexual é um aspecto importante demais em seu casamento para ignorar quaisquer questões que estejam servindo para inibir a intimidade sexual.

Gostaria de concluir este capítulo com uma analogia inspiradora, que ilustra como amantes ávidos abordam o ato de fazer amor.

Sexo tipo lâmpada *versus* sexo tipo raio laser

Pense por um momento nesses dois objetos: uma lâmpada e um raio *laser*.

O poder de uma única lâmpada é limitado porque ela envia raios de luz para o máximo possível de direções diferentes. Uma lâmpada localizada no canto de um quarto escuro ilumina esse cantinho relativamente bem, mas não provê luz ampla para os outros cantos do quarto. Seu poder é limitado demais.

Por outro lado, com um raio *laser*, os raios de luz ficam paralelos um ao outro e concentrados numa única direção, em vez de se espalharem em todos os sentidos. Tal raio de luz é capaz de viajar longas distâncias por causa de seu foco e poder. Nos dias de hoje, já descobrimos que os raios de luz emitidos por um *laser* são tão concentrados que é possível cortar metal ou realizar cirurgias com ele.

Pense agora em dois tipos de conexão sexual no casamento: o *sexo tipo lâmpada* versus *sexo tipo raio* laser. Fazemos sexo tipo lâmpada quando espalhamos nossas energias físicas e mentais em diversas direções diferentes (como em direção a um filho que precisa ser disciplinado, as roupas que necessitam ser lavadas, a amiga para quem temos de telefonar, como gostaríamos que "isso" acabasse logo e assim por diante), em vez de nos concentrarmos no marido. Tal conexão pode satisfazer o impulso físico de liberação das energias sexuais, mas seu poder para unir um casal nos níveis mental, emocional e espiritual é altamente limitado.

Todavia, com o sexo tipo raio *laser*, ambos os cônjuges concentram suas energias físicas e mentais um no outro, assim como os raios de luz permanecem concentrados no *laser*. Eles se esforçam para satisfazer as necessidades únicas do outro de intimidade física e emocional. Dedicam tempo para a intimidade sexual e fazem disso uma prioridade, até mesmo agendando tempo juntos sozinhos para esse propósito, caso necessário. Estão física e emocionalmente presentes um para o outro, e vivenciam de forma plena os momentos inebriantes de prazer e conforto com o companheiro.

O sexo tipo raio *laser* não parece muito mais atrativo e satisfatório a longo prazo do que o sexo tipo lâmpada? Com certeza. E qual você acha que despertará mais alegria e paixão em seu marido? Sem dúvida, ele adoraria ter sua presença mental, e não apenas física, enquanto vocês fazem amor. Não há nada mais satisfatório do que ter a certeza de ser o centro das atenções na mente do parceiro, em especial durante os momentos de sexo juntos.

Se você está se sentindo inspirada a se conectar com seu marido nos níveis físico e mental, continue lendo, enquanto abordamos a forma de estabelecer uma conexão emocional e espiritual poderosa.

17
A conexão espiritual e emocional

UMA DE MINHAS DESCOBERTAS mais surpreendentes acerca da sexualidade ocorreu de maneira inteiramente acidental. Baseada nos vários *e-mails* que recebo por mês de leitoras do livro *A batalha de toda mulher*, percebi que várias outras mulheres depararam com a mesma descoberta. E qual seria ela? Existe uma linha divisória extremamente tênue entre conexão espiritual e emocional e paixão sexual. Só não tenho muito orgulho de *como* fiz essa descoberta.

Greg e eu estávamos casados havia menos de cinco anos quando me ofereci como voluntária para ser conselheira durante um acampamento de verão. Fui para o acampamento na expectativa de me envolver completamente no serviço de atender às necessidades dos adolescentes. No entanto, acabei foi me envolvendo numa paixonite emocional inadequada com Scott, um conselheiro solteiro.

Com certeza, você está se perguntando como permiti que isso acontecesse. Aos vinte e poucos anos e numa imensa inocência acerca da dinâmica do envolvimento emocional, eu pensava com sinceridade que minhas ações eram completamente puras, pois Scott e eu não estávamos fazendo nada "sexual". Fazíamos o culto juntos durante as reuniões noturnas. Liderávamos juntos estudos da Bíblia com nossos pequenos grupos mistos. Conversávamos com intimidade sobre questões espirituais, compartilhando nossos textos bíblicos favoritos e mais encorajadores. Orávamos juntos de mãos dadas, apenas porque pensávamos que é isso que as pessoas deviam fazer ao orarem. À medida que a semana se passava, uma batalha começou a ser travada em minha mente. Scott parecia muito mais um novo namorado do que um irmão em Cristo. Voltar para casa e para Greg parecia decepcionante.

Alguns dias depois, Scott começou a ir a minha casa passar suas tardes de folga comigo, enquanto Greg estava no trabalho. Foi somente quando acabamos nos braços um do outro que nos demos conta do sentimento de ambos e de como tínhamos passado dos limites. Percebemos também que eu precisava me confessar para meu marido, e novas linhas divisórias tinham de ser traçadas para evitar mais envolvimento inapropriado. Foi aí que percebi a conexão poderosa entre espiritualidade e sexualidade. Não é de espantar que esse seja o tema de vários livros e filmes, como *As vinhas da ira*, *Pássaros feridos* e *A letra escarlate*. Onde existe uma forte conexão espiritual, um forte elo emocional se forma rapidamente, e isso leva à paixão sexual. É por isso que o único homem com quem você deve procurar estabelecer uma conexão espiritual e emocional profunda é seu marido.

Deus planejou o casamento para ser a experiência em que um casal pode estar nu e não sentir vergonha (cf. Gn 2:25). Acredito que a intenção divina não era apenas a nudez física, mas transparência emocional e espiritual também.

Nudez espiritual e emocional

Muitos casais presumem, enganados, que o sexo é um *meio* de proximidade e intimidade, mas a conexão física no casamento deveria ser uma *resposta* em um nível ainda mais profundo de intimidade: a intimidade espiritual e emocional. Quando uma mulher inspira intimidade espiritual e emocional no relacionamento com seu marido, ela será uma parceira sexual muito mais ávida.

Nos primeiros anos de nosso casamento, Greg e eu não compreendíamos a importância de estabelecer uma conexão emocional e espiritual, em vez de apenas física. Muitas vezes, pensei que me havia casado com um viciado em sexo, e Greg provavelmente achou que estava casado com uma puritana frígida.

Como formulamos tais opiniões? Porque assim que eu tirava a roupa e a maquiagem, escovava os dentes e entrava embaixo das cobertas, o motor de Greg já estava funcionando. Ele me olhava com um sorriso esperançoso e dizia: "Quer fazer sexo?". Para ele, o desejo parecia vir do nada, enquanto o pensamento de fazer sexo nem tinha passado pela minha cabeça. Sem a oportunidade de amadurecer a ideia, respondia com frieza ao convite. Em geral, dizia: "Não, apenas me abrace e vamos conversar". Na maioria das vezes, quando ele tentava tomar a iniciativa de novo antes de dormirmos, eu me sentia irritada ou magoada porque ele não respeitara o "não" que eu dissera antes.

No entanto, passei a notar que havia outras vezes em que a ideia de entregar meu corpo a ele parecia muito mais interessante à medida que conversávamos e, em especial, se orávamos juntos. Greg não precisava orar também. Mesmo se eu sugerisse: "Vamos orar?" e Greg dissesse: "Tudo bem. Pode orar", eu me sentia mais próxima a ele enquanto derramava meu coração a Deus junto de meu marido silencioso. Para mim, a oração era meio afrodisíaca, pois a conexão emocional e espiritual que estabelecíamos durante esses momentos muitas vezes abria caminho para conexões físicas incríveis após o "amém".

É claro, nem sempre Greg estava disposto a conversar e orar por muito tempo todas as vezes que queria fazer sexo. Talvez seu marido se comporte de maneira parecida: não quer *falar*, prefere *fazer*. Talvez ele não queira *orar*, apenas *namorar*. Nessas situações, descobri que ajuda combinar as duas atividades: orar e namorar.

Por exemplo, quando você e seu esposo estiverem juntos, você pode orar em silêncio: "Senhor, posso não estar sentindo o desejo de fazer isso agora, mas ofereço o ato sexual com meu marido como uma forma de adoração perante ti". Ao começar a acariciar o peito dele, visualize o que está por trás do rude exterior e ore (algumas vezes em voz alta, outras em silêncio): "Senhor, muito obrigada pelo coração de meu marido. Eu te agradeço porque ele me ama tanto que me acha atraente e deseja fazer sexo comigo". Enquanto vocês se tornam uma só carne, ore em silêncio: "Senhor, muito obrigada porque tu nos uniste como marido e mulher. Ajuda-nos a permanecermos fiéis aos nossos compromissos contigo e um com o outro. Fortalece-nos como casal e ajuda-nos a sermos um".

Creio que deu para você entender a ideia. Se conexão emocional e espiritual é o que você deseja, e ele anseia pela conexão física, entrelace os dois para que ambos possam dormir satisfeitos. Acredito que você descobrirá nessa abordagem um grande avanço de sua satisfação com a experiência sexual. Quando dois seres humanos estabelecem uma conexão emocional e espiritual, o desejo por conexão física surge de forma muito natural. Deus pode atraí-los um para o outro de maneira sobrenatural, assim como os atraiu a ele. E, à medida que Deus a atrair sexualmente em direção a seu esposo, o coração dele certamente ficará em chamas, por conta de sua energia e interesse renovados.

É importante reconhecer, todavia, que alguns homens não se sentem seguros o suficiente (ou ainda não possuem bastante maturidade na fé) para desejarem participar de atos espirituais, como culto ou oração juntamente com a esposa. Quando essa é a situação, a pior coisa que uma esposa pode fazer é ler este capítulo e atormentar o marido por sua falta de investimento numa conexão espiritual. Será ainda pior se ela o culpar pela própria falta de desejo físico. Esse tipo de reação somente aumenta a distância entre marido e mulher. Intimidade genuína só pode ser *inspirada*, e não *exigida*.

Então, o que você pode fazer se sente o desejo de uma conexão espiritual e emocional com seu marido, mas ele ainda não é receptivo a essa ideia? Trabalhe nas coisas sobre as quais você tem mais controle: as atitudes discutidas nos primeiros capítulos que estimulam a aceitação e apreciação mútuas. Pode ter levado anos para seu marido construir o muro que separa vocês dois espiritual e emocionalmente, e pode custar uma quantidade significativa de tempo e paciência antes que esse muro seja derrubado. No entanto, sua disposição em correr riscos emocionais pode encorajá-lo significativamente a fazer o mesmo.

Disposição para correr riscos emocionais

Em geral, as mulheres são mais estimuladas emocionalmente do que os homens. Por isso, devemos pensar em liderar o caminho da demonstração de vulnerabilidade emocional. Algumas vezes, permitimos que inseguranças não verbalizadas destruam nosso humor e nos distanciem de nosso amado. Mas, quando falamos sobre essas inseguranças e pedimos ao cônjuge para nos encorajar, fazer uma oração ou apenas nos dar um abraço, podemos reunir a força necessária para continuar lutando em qualquer tipo de batalha que encontramos na vida. Portanto, não guarde o que está acontecendo dentro de você, mesmo se parece insignificante ou irracional. Tome coragem para dizer a seu marido coisas do tipo:

- "Estou me sentindo muito irritada esses dias e não sei por quê".
- "Estou lutando para me sentir segura quando nossas finanças parecem tão fora de controle".
- "Sinto que não sou uma mãe tão boa quanto nossos filhos merecem".

Quando a esposa está disposta a correr riscos e admitir seus sentimentos e mesmo seus fracassos, ela abre as portas para que o marido humildemente faça o mesmo. Embora tenha sido extremamente difícil para mim confessar para Greg o caso emocional que tive com Scott, Deus redimiu a situação e ensinou a nós dois algo a nosso respeito que poderíamos nunca ter reconhecido de outra forma. Greg explica essa revelação de sua perspectiva:

> A traição emocional de Shannon serviu como um grande alerta, para me acordar. Mesmo sendo seu marido, eu havia negligenciado a importância de me conectar com ela num nível espiritual, e não apenas sexual. Éramos pessoas participativas na igreja, mas eu não a estava liderando e encorajando espiritualmente como deveria. O único momento em que orávamos juntos era na forma de uma pequena bênção antes das refeições. Estudávamos a Bíblia de maneira individual, em particular. Eu não lhe perguntava sobre o que Deus lhe estava ensinando nem compartilhava o que eu aprendia. Éramos como *cowboys* solitários, vivendo sob o mesmo teto e dormindo na mesma cama, mas ignorantes em relação à conexão incrível que estávamos perdendo.
>
> Levou tempo até eu sarar e ser capaz de confiar nela novamente, depois que soube do caso. Mas sabia que não podia perder nenhuma outra oportunidade de estabelecer uma conexão espiritual com Shannon. Começamos a orar juntos para Deus me ajudar a perdoá-la, ajudar Shannon a se perdoar e para aprendermos a prestar culto, estudar a Bíblia e orar juntos, de modo que nenhum dos dois se tornasse vulnerável a tentações extraconjugais como aquela.
>
> Além disso, sua confissão me proporcionou coragem para admitir que não estava sendo 100% fiel também. Por mais que ela estivesse sendo vulnerável em seus anseios espirituais e emocionais, não podia fingir que era um santo perfeito desde o dia de nosso casamento. Precisei admitir para Shannon, para mim mesmo e para Deus que meu desejo ardente por estimulação visual havia me levado por caminhos dos quais não me orgulhava. Felizmente, Shannon compreendeu e me concedeu a mesma graça para ser humano que eu tentava oferecer a ela.
>
> Não muito tempo depois de corrermos esses riscos emocionais um com o outro, viajamos juntos para um retiro, sem nenhum outro objetivo, a não ser passar tempo com Deus e como casal. Foi ali que percebemos primeiro a conexão recém-descoberta e profundamente apaixonada durante a relação sexual que

> Shannon mencionou há pouco. Convidamos Deus para nosso quarto, e, como resultado, descobrimos um dos melhores sentimentos que posso imaginar deste lado do céu. Sabíamos tudo um do outro — as coisas boas, as más e as feias — e ainda assim nos amávamos com cada pedacinho de nosso ser. Nenhum casal deveria perder a experiência desse tipo de intimidade genuína. É algo absolutamente estimulante e com incrível poder de cura para a alma humana.

Quando corremos riscos emocionais e inspiramos nosso marido a fazer o mesmo, podemos acabar em conversas ou situações nas quais nossa atenção precisa se direcionar plenamente para o ato do perdão: tanto de receber quando de dar.

Seja rápida em perdoar e pedir perdão

Não deixe o pecado intimidá-la a viver uma vida de vergonha e falta de conexão sexual. Todos temos nossas próprias e únicas batalhas (sejam elas de origem espiritual, mental, emocional ou física). Maridos e mulheres precisam aprender a lutar *juntos*, em vez de permitir que as batalhas criem tumultos no relacionamento. A chave para lutar juntos, em vez de lutar um contra o outro, consiste em ser honesto consigo mesmo e com o companheiro, em perdoar o outro livremente, apoiar o parceiro e impulsionar o outro rumo à vitória. Quando você passar por tentações avassaladoras que constituem ameaças à união conjugal, quem melhor para prestar contas do que a pessoa mais interessada em sua habilidade de superar esses problemas?

Sim, ao tirar a máscara você corre o risco de perder o respeito de seu marido, se ele não for capaz de entender sua luta ou levar tudo muito intensamente para o lado pessoal. Mas também existe a possibilidade de ganhar o respeito dele e atingir um nível de conexão espiritual e intimidade sexual mais profundo, quando você não tiver mais que fingir ser uma pessoa diferente do que é. Saber que Greg está ciente das coisas feias de meu passado e ainda está ao meu lado no presente, esperando por um futuro juntos, me proporciona grande sensação de segurança. Isso também me faz querer entregar meu corpo a ele, como expressão de meu amor.

Como estamos abordando o assunto do perdão, gostaria de falar sobre uma questão que muitas vezes surge em situações de aconselhamento. Algumas mulheres admitem guardar rancor contra o marido por tê-las seduzido a manter relações sexuais antes do casamento. Uma parte delas usa essa dor como justificativa para o fato de não serem amantes muito dispostas. Elas parecem arrastar uma mentalidade de vítima por todo o lado, como se fosse uma bola de metal presa ao corpo por uma corrente. Correndo o risco de soar um pouco grosseira, algumas vezes pergunto (muito gentilmente) a essas mulheres: "O seu marido a *estuprou* antes do casamento? Ele apontou uma arma para sua cabeça? Você poderia ter saído dessa situação se realmente quisesse?".

Algumas respondem: "Mas eu disse a ele que tinha uma fraqueza nessa área e precisava que ele fosse forte por mim!". Novidade no ar: *Todos nós precisamos assumir responsabilidade por nossas próprias fraquezas e ações*. Que homem sexualmente despertado não sentirá a tentação esmagadora de possuir uma mulher que lhe anuncia sem fôlego: "No que se refere a sexo, sou muito fraca! Ajude-me!". *Ok, certo*. E quem estava lá para ajudá-*lo* a resistir a *você*? Uma mulher de vontade fraca pode constituir uma pedra de tropeço mesmo para os homens mais fortes.

Não estou dizendo que seu marido não precisa assumir responsabilidade por suas próprias ações. Talvez ele lhe deva, sim, um pedido de perdão, mas é possível que você também precise pedir perdão a ele. Quando um não quer, dois não brigam (nem se envolvem sexualmente!), e vocês não se esquivaram da situação antes de ela tomar um rumo perigoso. Liberte seu marido, perdoando-o por qualquer falta de juízo durante seu relacionamento pré-conjugal. Depois, perdoe a si mesma por sua própria falta de juízo. Ao fazer isso, vocês podem se ver livres das memórias dolorosas de erros sexuais do passado e aprender a celebrar a liberdade sexual da qual podem desfrutar agora, como casados.

Antes de concluir nossa discussão sobre as conexões espiritual e emocional, gostaria de abordar um último ponto: um dos atos mais sagrados de adoração de que marido e mulher podem participar juntos é o relacionamento sexual um com o outro.

Reconheça a santidade do sexo

Como ressaltado no capítulo 5, uma parte vital de nosso ministério dentro do casamento é atender às necessidades do outro, incluindo as necessidades sexuais. Entretanto, uma porcentagem dos maridos que responderam a minhas perguntas sobre quais são as coisas que a esposa faz que levam o coração deles a esfriar disseram que sua mulher considera o sexo como um ato mundano, secular, e não como um ato santo de adoração. Veja a seguir duas respostas que refletem a opinião desses esposos.

Victor, casado há dezoito anos, disse:

> Minha esposa passa o dia inteiro cuidando das necessidades dos outros e ajudando as pessoas de várias maneiras. Essa é uma característica dela que eu amo. Ela é uma professora que ajuda os alunos a desenvolver a habilidade de leitura, canta no coral da igreja, integra a equipe do ministério da mulher e é voluntária no departamento infantil da escola bíblica dominical. Mas quando vem para casa à noite, percebo por sua linguagem corporal que ela está dizendo: "Não sobrou nada para você então, por favor, nem peça!". Se eu sugerir que leiamos a Bíblia, façamos um devocional ou oremos juntos, ela aceita, pois entende essas coisas como espirituais e dignas da dedicação de tempo e energia. Mas não consegue compreender o benefício espiritual de satisfazer minhas necessidades sexuais. Quando ela se encontra tão ocupada ministrando a todos, menos a mim, sinto como se eu fosse sua última prioridade, e isso me faz ficar magoado com ela.

Ted escreveu:

> Angela quer que eu dedique tempo todos os dias conversando com ela. Deseja que eu ore com ela e com as crianças todas as noites. Fico feliz em fazer essas coisas, pois são muito importantes para ela e para nossa família. Mas, quando ela me diz (ou em palavras ou por meio de ações) que acha que eu tenho vontade demais de fazer sexo, fico me sentindo como se fosse um pervertido. Por que as mulheres não podem entender que o sexo é tão importante para os homens quanto o diálogo para as mulheres?

Diversos esposos afirmaram que sua mulher parecia selecionar e escolher quais textos bíblicos decide obedecer. Essas esposas gostam de versículos que falam sobre "amor ao próximo" e "maridos, amem suas esposas como Cristo amou a igreja", mas com frequência ignoram as outras informações a esse respeito: "O marido deve cumprir os seus deveres conjugais para com a sua mulher, e da mesma forma a mulher para com o seu marido" (1Co 7:3) e "A mulher não tem autoridade sobre o seu próprio corpo, mas sim o marido" (v. 4). Esses maridos expressaram sua frustração, e com razão. Afinal de contas, a intimidade sexual foi ideia de Deus. Não é algo sujo, nem mundano. A intimidade sexual, de acordo com o desígnio de Deus, é a forma mais poderosa de conexão entre dois seres humanos. Quando marido e mulher se juntam e se tornam uma só carne por meio da intimidade sexual na presença de Deus, eles refletem a natureza da Trindade. Quando um casal concebe o sexo como algo santo, este pode se tornar um maravilhoso ato de adoração.

Certa vez, um homem não cristão me ouviu falar isso numa palestra sobre sexo e casamento. Ele me interrompeu, gritando:

— Então talvez os cristãos devessem simplesmente ficar em casa e fazer sexo no domingo de manhã!

Acho que o surpreendi quando dei a seguinte resposta:

— Se essa for a condição para um homem e uma mulher terem a oportunidade de fazer uma conexão espiritual dentro de seu quarto, então acredito que Deus ficaria satisfeito.

O que eu quis enfatizar é o fato de que a adoração que ocorre dentro do quarto, quando estamos nus e livres da vergonha, de acordo com o plano divino para o casamento, é tão santa quanto a adoração que prestamos sentados num banco, vestindo nossa melhor roupa.

Não me entenda errado. É algo admirável uma mulher envolvida ativamente em sua igreja. É ótimo que ela seja participativa na vida dos filhos, que desempenhe vários papéis sociais e responsabilidades e que tenha uma carreira, se assim o escolher. Contudo, se a combinação de todas essas coisas levar você a não ter mais nenhuma energia para a intimidade sexual com seu marido, então você está ocupada demais. Pense na possibilidade de diminuir sua carga horária de trabalho ou deixar uma ou duas responsabilidades na igreja, para poder ter mais tempo e energia para ministrar às necessidades sexuais de seu marido. Sexo não é uma coisa secular que tentamos encaixar no meio de nossas atividades espirituais. Trata-se de uma das atividades espirituais mais importantes que existem — e você é a única que pode desempenhar corretamente essa função. A esposa é o único ser humano no planeta a quem Deus ordenou que satisfizesse as necessidades sexuais do marido. Que oportunidade única recebemos para ministrar a nosso marido de maneira tão poderosa!

E, com certeza, o esposo não será o único a ser beneficiado. Reflita sobre o que Max Lucado mencionou em *It's Not About Me* [Não é sobre mim]:

> O sexo de acordo com o plano de Deus nutre a alma. Medite neste plano: dois filhos de Deus fazem uma aliança um com o outro. Eles trancam a porta de saída. Queimam a ponte que leva de volta à casa da mamãe. Caem nos braços um do outro e sob a amplitude das bênçãos de Deus, circundados por uma alta cerca de fidelidade. Os dois sabem que o outro estará lá na manhã seguinte. Sabem que o outro permanecerá, mesmo quando a pele se encher de rugas e o vigor se dissipar. Um dá ao outro o privilégio da exclusividade, de estar disponível apenas para os olhos do cônjuge. A culpa desaparece, o desejo indisciplinado vai embora. O que se mantém é a celebração da permanência, um momento de ternura no qual o corpo continua o que a alma e a mente já começaram. Um tempo no qual "o homem e sua mulher viviam nus, e não sentiam vergonha" (Gn 2:25).
>
> Esse tipo de sexo honra a Deus e satisfaz os filhos de Deus. Vários anos atrás, o jornal *USA Today* publicou um artigo com a seguinte manchete: "Aha, pode chamar de a revanche das senhoras religiosas". Sigmund Freud afirmou que elas sofrem de uma "neurose obsessiva" acompanhada por culpa, emoções suprimidas e sexualidade reprimida. O comediante Dana Carvey, que atuava no programa Saturday Night Live, as satirizou como puritanas reacionárias, que veem o sexo como algo categoricamente sujo. Mas diversos estudos criteriosos mostraram que mulheres religiosas (e os homens com quem elas dormem) estão entre as pessoas mais sexualmente satisfeitas do planeta. Pesquisadores da Universidade de Chicago parecem pensar assim. Anos atrás, quando divulgaram os resultados da pesquisa sobre sexo mais "abrangente e rigorosa em sua metodologia" já realizada, relataram que mulheres religiosas vivenciavam um nível de satisfação sexual significativamente maior do que as não religiosas.[1]

Você percebeu o que ele disse? *As mulheres religiosas apresentam maior satisfação sexual do que as não religiosas.* Acredito que seja assim porque o componente espiritual de nossa sexualidade é saudável. Por causa disso, sentimos liberdade para vivenciar de forma mais plena o componente físico. Marian também acredita nessa teoria. Ela conta:

> Eu gostava de fazer sexo com meu marido às vezes, mas na maior parte do tempo apenas me engajava nessa atividade de forma mecânica, e costumava sentir-me culpada por isso depois. Não fui criada numa família cristã, mas fui educada para ser uma "boa menina", e minha mentalidade postulava que não era adequado a uma mulher gostar de sexo da mesma forma que um homem. Graças a um amigo que nos convidou para um programa realizado por Family Life [Vida Familiar], ouvimos Dan Allender falar sobre como o sexo foi planejado pelo Criador para nosso deleite e que participar de uma relação sexual era, na verdade, um ato de adoração a Deus. Embora, na época, eu não estivesse interessada em fazer sexo com mais frequência, queria muito adorar mais a Deus e com o coração inteiramente aberto. Portanto, comecei a responder com mais entusiasmo às investidas de meu marido e até mesmo a tomar a iniciativa. Essa mudança de paradigma sexual resultou em um nível de paixão muito mais profundo do que jamais imaginei ser possível em meu relacionamento com meu esposo, com o Senhor e até em minha autoaceitação. Simplificando, hoje sou uma mulher muito mais feliz e mais realizada.

Marian aprendeu muitos dos segredos para se tornar uma amante ávida e satisfeita.

Você gostaria de se sentir bem mais feliz com sua vida? De experimentar um senso maior de realização? De sentir uma conexão muito mais profunda com seu marido e com Deus? Espero que sim. Caso ainda haja alguns assuntos não abordados que a estejam impedindo de se tornar uma amante ávida, vamos explorar algumas das perguntas mais comuns e prementes sobre intimidade sexual no casamento.

18 Perguntas cruciais dele e dela

QUANDO ESTÁVAMOS TRABALHANDO na elaboração deste livro, na primavera de 2005, Greg e eu realizamos um evento com a ajuda de nossa igreja local, intitulado "Levando seu casamento ao ponto mais alto: uma conferência sobre sexo e união". Quarenta e quatro casais, com faixas etárias que variavam dos vinte e poucos aos sessenta e muitos anos de idade, participaram do evento. Havia pessoas casadas há intervalos de tempo que iam de quatro meses a 42 anos. Essa conferência consistiu em quatro sessões concentradas na intimidade física, mental, emocional e espiritual. Durante o evento, distribuímos fichas, encorajando as pessoas a escreverem ali perguntas anônimas sobre quaisquer dúvidas que tivessem acerca da intimidade sexual, mas que não tivessem coragem de perguntar em público. Depois, respondemos a cada uma daquelas perguntas na sessão de encerramento.

Muitas dessas perguntas eram de uma honestidade tão pungente e tão representativa da luta de muitas mulheres e homens cristãos que decidi abordá-las neste livro. No entanto, antes de mergulhar nas perguntas e respostas, permita-me compartilhar de forma breve com você as seis questões que uso como filtro para discernir o que é aceitável e o que não é na cama. As primeiras três são adaptações do livro *Intimate Issues* [Questões íntimas], de Linda Dillow e Lorraine Pintus;[1] as três últimas são do meu companheiro da série Todo Homem, Stephen Arterburn.

1. *É proibido pela Bíblia?* Se não é, podemos presumir que é permitido. "Tudo me é permitido" (1Co 6:12).

Dillow & Pintus pesquisaram de Gênesis a Apocalipse para descobrir tudo o que Deus tem a dizer acerca do comportamento sexual. Elas concluíram que as Escrituras proíbem os seguintes atos sexuais:

Fornicação: sexo imoral, incluindo qualquer relação fora do casamento.

Adultério: sexo com alguém que não é seu cônjuge (Jesus expandiu essa definição em Mateus 5:28, incluindo não apenas atos físicos, mas os mentais e emocionais também).

Homossexualismo: ter relações sexuais com alguém do mesmo sexo.

Impureza: violação advinda da adoção de um estilo de vida pagão ou secular.

Orgias: sexo com mais de uma pessoa ao mesmo tempo.

Prostituição: receber dinheiro em troca de atos sexuais.

Paixões libidinosas: desejo sexual desenfreado e indiscriminado por homens e mulheres que não o cônjuge.

Sodomia: sexo entre dois homens (em seu uso contemporâneo, o termo é às vezes usado para descrever o sexo anal entre um homem e uma mulher, mas esse não é o uso bíblico da palavra).

Obscenidade e brincadeiras vulgares: comentários sexuais inapropriados em ambiente público.

Incesto: sexo com membros da família.

2. *É benéfico para o relacionamento?* A prática acarreta danos de alguma forma ao marido ou à esposa, ou atrapalha o relacionamento sexual? Se esse for o caso, tal prática deve ser rejeitada. "Tudo me é permitido, mas nem tudo convém" (1Co 6:12).
3. *Envolve outra pessoa?*A atividade sexual é sancionada por Deus para marido e mulher somente. Se a prática sexual envolve outra pessoa, ou se torna pública, ela é errada, com base em Hebreus 13:4, que nos adverte de conservar puro o leito conjugal.
4. O ato é *conhecido* por seu cônjuge? Devemos nos abster de atos sexuais que precisamos realizar em segredo.
5. O ato é *aprovado* por seu cônjuge? Devemos nos abster de atos sexuais que nosso cônjuge não aprova.
6. O ato *envolve* seu cônjuge? Devemos nos abster de atos sexuais que não envolvam o cônjuge.

Nas páginas seguintes, você provavelmente reconhecerá como usamos essas perguntas como filtros para discernir o que acreditamos ser a verdade bíblica sobre questões sexuais. Começamos com algumas das perguntas que os homens fizeram e, em seguida, compartilharemos as questões cruciais feitas por mulheres de maneira anônima.

As questões prementes dele

É aceitável que a mulher se estimule com a mão para chegar ao orgasmo durante a relação sexual? Isso me parece perfeitamente aceitável, mas minha esposa tem a preocupação de que tocar em si mesma seja um pecado.

Existe uma grande diferença entre tocar-se num momento de intimidade com o esposo e tocar-se em particular, com o propósito de se excitar sexualmente de maneira independente, sem o parceiro. Usando nosso filtro das seis perguntas, consideremos cada um desses atos:

Algumas pessoas acham excitante assistir ao parceiro estimular-se sexualmente como parte das preliminares. Acredito que isso é aceitável e não é proibido pelas Escrituras, contanto que o ato seja conhecido do cônjuge, aprovado por ele e o envolva.

Existem momentos de exceção, nos quais a masturbação é aceitável, como, por exemplo, quando não é possível estar juntos?

Alguns casais casados precisam viver a distância por grandes períodos, como no caso de serviço militar, ou de viagens longas a trabalho. Se esse for seu caso, discuta de antemão como vocês lidarão com a tensão sexual que qualquer um dos dois poderá vivenciar durante a ausência. Por exemplo, se o parceiro viajar sempre durante uma semana, vocês podem decidir que guardar o apetite sexual para os reencontros é a melhor opção para o relacionamento (afinal, a saudade faz o coração ficar mais afetuoso, não é mesmo?). Mas se a separação for durar várias semanas, ou mesmo meses, marido e mulher podem decidir pela masturbação como o melhor caminho para impedir que o apetite sexual os leve a se extraviar do compromisso conjugal. Se esse for um acordo feito em oração e com a aprovação dos dois e se vocês concentrarem as fantasias mentais somente no cônjuge, podem ter a segurança de que não existe nada inaceitável nem inapropriado acerca dessa exceção à regra de proibição à masturbação solitária. Essa, é claro, é meramente *nossa* opinião. Por isso, incentivamos você a buscar o conselho do Espírito Santo, caso se encontrar nessa situação.

Filtro	Autoestimulação com o cônjuge	Masturbação solitária
É proibido na Bíblia?	A estimulação sexual dentro do casamento nunca é mencionada de forma negativa na Bíblia.	Consultar 1Tessalonicenses 4:3-5; Hebreus 13:4; Colossenses 3:5-6; Efésios 5:3.
É benéfico para o relacionamento?	Se ambos os parceiros sentirem que é aceitável e prazeroso.	Não, pois causa separação e estimula o segredo.
Envolve outra pessoa?	Não.	Embora a resposta seja não se você estiver pensando em seu esposo, a resposta é sim se as fantasias sexuais durante a masturbação envolvem alguém além do cônjuge. Segundo Mateus 5:28, esse tipo de fantasia é pecaminoso.
O ato é conhecido de seu cônjuge?	Sim.	Não.
O ato é aprovado por seu cônjuge?	Nesse caso, sim.	Na maior parte dos casos, não.
Envolve seu cônjuge?	Sim.	Não.

Minha esposa se encontra impossibilitada de ter relações sexuais por motivos médicos. Você pode nos recomendar outras maneiras aceitáveis de usar nossa sexualidade? Em outras palavras, a penetração é a única forma de expressão sexual entre marido e mulher?

Embora seja importante desfrutar do sexo somente de acordo com o plano de Deus e evitar atos proibidos pelas Escrituras, como os mencionados anteriormente neste capítulo, nenhum casal precisa ser legalista quanto ao que é adequado na cama entre marido e mulher. Alguns cristãos dizem em tom de brincadeira que a única forma apropriada para um casal ter relações sexuais é com as luzes desligadas e na posição papai e mamãe. Porém, ninguém tem base bíblica para essa posição (trocadilho intencional!). Alguns cristãos também acreditam que o sexo oral é pecaminoso, mas essa opinião não se baseia nas Escrituras. Na verdade, em Cântico dos Cânticos há numerosas referências a prazeres orais, e tal ato não é, de forma alguma, condenado.

Contato que a posição ou técnica sexual não sejam ofensivas a nenhum dos parceiros e ambos as considerem prazerosas, qualquer coisa é aceitável desde que passe pelo teste das seis perguntas: É proibido na Bíblia? É benéfico para o relacionamento? Envolve apenas os cônjuges? É conhecido e aprovado por seu cônjuge? Envolve seu cônjuge e une vocês dois, em vez de separá-los? Toda expressão sexual é aceitável, desde que atenda com sucesso a esses critérios.

Como o esposo deve abordar a situação de uma mulher que se casa trazendo consigo os seguintes mitos: sexo é ruim, é pecado uma mulher desfrutar do sexo e apenas prostitutas tomam iniciativa na área sexual?

Com muita paciência. Infelizmente, muitas de nós crescem ouvindo: “Boas meninas não fazem”. E é muito difícil colocar uma aliança no dedo e mudar a engrenagem para: “Boas meninas fazem!”. No entanto, se esse é um problema em seu casamento, recomendamos ao casal que estudem juntos Cântico dos Cânticos. O pastor Tommy Nelson, da Denton Bible Church, produziu uma série de palestras profundas e muito elogiadas sobre esse livro da Bíblia, que podem ser solicitadas pela internet por meio da página <www.thesongofsolomon.com.> O livro *Intimacy Ignited* [Intimidade ardente], escrito por Linda e Jody Dillow, Lorraine e Peter Pintus, também é um excelente recurso que pode ampliar seu conhecimento sobre Cântico dos Cânticos. Um estudo cuidadoso do texto bíblico revelará que Deus criou o prazer sexual para que os casados desfrutem sem inibição nem culpa.

Não se esqueça de que esse tipo de mentalidade em geral é adotado por mulheres cujos pais possuíam um relacionamento muito problemático ou por aquelas que sofreram abuso sexual na infância. Se esse for o caso, é importante a esposa procurar a ajuda de um terapeuta, para lidar com as raízes da questão, que levam o sexo saudável dentro do casamento a não ser uma proposta atraente.

É errado uma mulher oferecer favores sexuais como suborno para conseguir as coisas que deseja do marido?

Como vimos, o sexo pode ser uma ferramenta poderosa e, muito embora alguns maridos possam gostar de ser subornados dessa maneira, usar o sexo para manipular alguém nunca foi a intenção de Deus. Para ter um relacionamento saudável, a esposa precisa oferecer sexo sem segundas intenções, por amor e comprometimento, e não como instrumento de barganha.

Uma das possíveis razões para essa dinâmica é que as mulheres, quando estão solteiras e namorando, detêm certo poder sobre os homens. Ela sabe: "Eu tenho algo que você quer e sou eu quem decido quando você o terá". Ao se recusar a ter relações sexuais até a lua de mel, ela usa esse poder sexual de forma benéfica e aprovada por Deus. No entanto, depois que os votos são pronunciados, essa mentalidade precisa mudar. Ela precisa abraçar a seguinte ideia: "Tenho algo que você quer e, como o amo e me comprometi a ser sua esposa e única fonte de satisfação sexual, você pode tê-lo no momento que quiser". É claro, não estou me referindo a se transformar num capacho sexual, que é pisado sem nenhuma preocupação por parte do marido com as necessidades e limites pessoais da esposa. Estou simplesmente afirmando que o sexo deve ser oferecido livremente dentro de um relacionamento conjugal, e não usado como forma de suborno.

As perguntas cruciais dela

Quanto de informação (ou de detalhes) devo compartilhar com meu esposo acerca de relacionamentos do passado?

O ideal é que essa questão seja discutida antes do casamento, para não haver segredos obscuros ou surpresas inesperadas para nenhum dos cônjuges depois que tiverem pronunciado os votos. No entanto, mesmo quando fomos honestas quanto ao passado antes do casamento, às vezes o sentimento de culpa pode nos consumir e nos fazer pensar: "Será que ele ainda me amaria se soubesse toda a verdade acerca do que fiz no passado?".

Alguns meses depois de meu casamento, essa pergunta assombrava meus pensamentos. Muito embora Greg soubesse que eu não era virgem quando nos casamos e que eu tivera vários parceiros sexuais, eu me perguntava se ele realmente permaneceria comprometido comigo se soubesse a quantidade exata de relacionamentos com os quais me envolvera. Fiz uma lista de todos os relacionamentos dos quais me lembrava e me aproximei dele com aqueles nomes, o coração pesado e lágrimas nos olhos. Ele disse: "Você pode me contar o que quiser para limpar sua consciência, mas não há nada que eu sinta necessidade de saber. Não me casei com você por quem você era no passado, mas por quem é hoje e pelo que Deus fará de você no futuro. Não existe absolutamente nada nessa lista que me faria amá-la menos".

Espero que seu esposo tenha uma resposta parecida, mas, se ele expressar o desejo de saber mais do que apenas seu arrependimento pelos erros do passado, você não precisa citar nomes, lugares, posições ou atos específicos. Tais informações servem somente para criar novos traumas na mente dele, em especial se você voltar a se encontrar com essas pessoas, retornar a esses lugares ou realizarem esses atos juntos. Mantenha em mente a seguinte diretriz: os detalhes não precisam ser confessados, apenas o pecado. Tudo o que você necessita lhe dizer é que pecou sexualmente antes de conhecê-lo. A única pessoa que deve saber as minúcias é um terapeuta, que pode ajudá-la a processar as causas de seus erros passados, para ajudá-la a evitar cometê-los novamente no futuro.

Meu marido não se parece interessar por fazer sexo com frequência ou não se interessa mais. Qual é o problema?

Terapeutas relatam encontrar cada vez mais casos de libido masculina em declínio.[2] Se um homem casado não demonstra interesse em fazer sexo com a esposa, algumas das seguintes questões podem estar por trás de sua falta de desejo:

- Quando o homem entra na casa dos quarenta, cinquenta ou mais, sua libido sexual em geral diminui, mas não acaba totalmente. Se ele ainda não é considerado idoso, a idade provavelmente não é a causa principal.

- Ele pode estar empregando sua energia sexual em relacionamentos fora do casamento, como, por exemplo, por meio de pornografia e masturbação ou de um caso extraconjugal. Não existe jeito de saber ao certo, a não ser perguntando e recebendo uma resposta honesta, ou se você o descobrir praticando o ato. Se acontecer esse tipo de confissão ou descoberta, recomendamos que vocês procurem aconselhamento juntos, se ele estiver disposto. Se ele não estiver, procure aconselhamento sozinha, para ajudá-la a compreender seus sentimentos e examinar suas opções quanto à resposta que precisa ser dada às ações de seu marido. Também recomendo a leitura de *Every Heart Restored* [A cura de todo coração], para ajudar a curar a dor causada pelo sentimento de rejeição sexual.
- Seu marido pode estar passando por um desequilíbrio hormonal, produção insuficiente de testosterona ou disfunção erétil. Encoraje-o a procurar auxílio médico para compreender o motivo da diminuição do apetite sexual e descobrir se existem remédios que possam ajudá-lo a resolver o problema, em especial se a falta de sexo está se tornando incômoda para um dos dois.

Você passou por grande variação de peso ou mudança de aparência física desde o casamento? Se esse for o caso, ele pode estar batalhando com a falta de desejo sexual decorrente dessas mudanças. Embora seja doloroso escutar que o excesso de peso pode diminuir o apetite sexual do esposo, precisamos nos lembrar de que Deus criou os homens para serem visualmente estimulados. Portanto, o apetite sexual de seu marido pode estar muito ligado às imagens que entram pelos olhos dele. Isso não quer dizer que as esposas precisam parecer bonecas Barbie ou *top models*, mas não podemos deixar totalmente de nos cuidar e esperar que o marido se sinta tão atraído por nós quanto quando tínhamos um peso mais saudável e nos sentíamos mais confiantes a respeito do próprio corpo.

Não estou aqui me referindo a três ou cinco quilinhos que ganhamos desde o casamento. Isso é coisa da vida. É normal uma mulher ganhar aproximadamente dois quilos e meio a cada década de sua vida, depois de atingir a idade adulta. Estou falando do excesso de peso que levaria um médico a se preocupar com sua saúde. Portanto, não entre em pânico por causa de uns poucos quilinhos a mais, mas, por outro lado, tente não acumulá-los de forma desnecessária. O excesso de peso prejudicial à saúde também não faz bem ao seu relacionamento.

As mulheres não são as únicas que precisam se sentir seguras e emocionalmente conectadas para serem despertadas sexualmente. Os homens também possuem essa necessidade. Como explicamos na Parte 3, quando uma esposa rejeita ou critica repetidamente o marido, ela apaga a chama paixão dele por ela. O *e-mail* de Bill ilustra de forma vívida essa verdade:

> Em meu relacionamento com minha esposa, Lydia, muitas vezes parece que ela está mais interessada em controle do que em união, o que me deixa arrasado. Sinto-me como uma marionete presa a uma corda, e isso causa danos terríveis a nosso relacionamento. Como posso continuar buscando união com ela se isso não faz parte dos planos dela também?
>
> Existe um segundo aspecto que também me constrange muito. Lydia possui um apetite sexual maior do que o meu. Embora tenhamos passado por experiências sexuais maravilhosas diversas vezes, houve momentos em que minha falta de desempenho e de técnica durante as preliminares levaram Lydia a se enfurecer. Mais de uma vez, ela zombou de mim por ter um pênis pequeno. Toda essa situação faz que a ideia de fazer sexo com minha esposa seja uma proposta arriscada demais, pois tanto pode estimular quanto diminuir minha autoconfiança, além de me fazer sentir humilhado e desvirilizado. No passado, ela exigiu que eu lesse livros sobre preliminares e relação sexual (o que eu fiz) e tomasse a iniciativa com mais frequência... além de ser mais sensual na maneira de me vestir, sentar, conversar e andar.
>
> Um médico descobriu que meu nível de testosterona é muito baixo para minha idade (não sabemos a causa — seria estresse?). Comecei a tomar testosterona para elevar o nível desse hormônio em meu organismo. Embora isso tenha funcionado para aumentar minha necessidade por sexo, teve efeito limitado em ampliar meu desejo sexual por Lydia. Não fazemos sexo há meses. Ela até já me ameaçou, dizendo que vai procurar outra pessoa para ter relações sexuais se eu não tiver um desempenho melhor e mais frequente. Já tentei alertá-la sobre

> o impacto que essas atitudes têm sobre mim e minha motivação em procurá-la sexualmente, mas ela devolve a culpa e se recusa a ver sua parcela de responsabilidade nessa situação.

As palavras de Ray também confirmam a existência de questões emocionais que frequentemente diminuem a paixão sexual em um marido. Ele relata:

> É claro que eu desejo uma conexão apaixonada e sexual com minha esposa assim como qualquer outro homem, mas é preciso mais do que um pouquinho de estimulação física para compensar a mágoa que ela me causa muito antes de irmos para a cama à noite. As "críticas construtivas" de minha mulher são tudo, menos construtivas. Suas expectativas são tão irreais que nenhum homem seria capaz de atender a seus padrões. Ela usa a Bíblia como arma contra o que percebe serem meus defeitos. Quando me ofereço para orarmos juntos, ela sente a necessidade de dizer em voz alta (obviamente tanto para Deus quanto para mim) todas as minhas fraquezas.
>
> As mulheres presumem que o coração e o pênis de um homem são feitos de aço e se encontram completamente desconectados um do outro, mas não é assim que funciona. Pode ser tão difícil para um homem ficar excitado por uma esposa que faz seu coração esfriar em relação a ela como para uma mulher se entregar sexualmente, quando não sente nenhuma conexão íntima com o marido. Existe muita ênfase nas diferenças entre homens e mulheres, mas não somos tão diferentes assim no que se refere a nos sentirmos apreciados e reconhecidos para podermos sentir excitação sexual.

Ray está correto. É preciso muito mais para a intimidade sexual do que apenas as relações em si. O prazer físico deve ser a sobremesa desfrutada após o aperitivo da apreciação, o prato principal do encorajamento e do amor incondicional e o acompanhamento do respeito. Qualquer homem que deixe de receber todas essas coisas e só tenha acesso à sobremesa se tornará, em algum momento, um marido subnutrido.

Existe algo de errado comigo por não conseguir ter orgasmo durante a penetração, apenas por meio do sexo oral ou do toque com as mãos de meu esposo? Como fazê-lo se

sentir confortável com isso? A expectativa dele de que eu deveria chegar ao orgasmo durante a penetração me leva com frequência a fingir.

Se seu esposo não conhece os detalhes da anatomia feminina, não o culpe por isso. Muitas mulheres não têm conhecimento do próprio corpo e, em decorrência disso, podem nunca ter experimentado um orgasmo.

Durante anos, as pessoas compraram a teoria de Sigmund Freud de que existem dois tipos de orgasmo, o *vaginal* e o *clitoriano*, e que o centro de orgasmo feminino deveria ser transferido do clitóris para a vagina quando a mulher amadurecesse, atingindo a idade adulta. Como resultado, muitas pessoas acreditavam que as mulheres eram física ou psicologicamente inferiores ou anormais se não fossem capazes de chegar ao orgasmo por meio da penetração vaginal.

No entanto, na década de 1960, a pesquisa de Masters & Johnson rejeitou a teoria de Freud. A maior parte dos especialistas contemporâneos concorda que o orgasmo feminino é resultado da estimulação clitoriana direta ou indireta, seja com a mão do parceiro, seja com a boca, seja por meio de um brinquedo sexual, seja indiretamente, durante determinadas posições sexuais.[3] O clitóris é a parte mais sensível sexualmente do corpo feminino, assim como a cabeça ou a ponta do pênis é a parte mais sensível sexualmente do corpo masculino. O único propósito do clitóris é dar prazer sexual à mulher. Portanto, se você sente necessidade de estimulação clitoriana para atingir o orgasmo, saiba que isso é absolutamente normal.

Se você está fingindo ter orgasmos, espero que as informações deste livro (combinadas com informações de quaisquer outros livros sobre sexualidade saudável ou visitas a um terapeuta sexual, caso necessário) removam a necessidade dessa tentação. Mesmo que você finja para proteger os sentimentos de seu marido, a desonestidade e a frustração sexual resultantes diminuem a união e a satisfação que Deus deseja que vocês dois desfrutem.

É aceitável usar um vibrador para chegar ao orgasmo enquanto mantenho relações sexuais com meu esposo?

Essa é uma pergunta que evitei em livros anteriores porque pode constituir um assunto extremamente polêmico entre cristãos: alguns acham que é perfeitamente aceitável, enquanto outros se opõem com veemência. No entanto, devido à grande quantidade de *e-mails* que recebi justamente com essa pergunta, creio que ela merece uma resposta.

Primeiro, é preciso fazer uma distinção entre o uso desse objeto como auxiliar nas relações sexuais e como auxiliar para a masturbação. Não acredito ser aceitável o uso do vibrador como um auxílio para a masturbação, que é um ato solitário, pois Deus deseja que nosso prazer sexual seja vivenciado *com* o cônjuge, não separado dele. Contudo, creio ser aceitável um casal usar o vibrador para a esposa atingir o orgasmo.

Vamos fazer essa dúvida passar pelo filtro das seis perguntas. *É proibido na Bíblia?* Não. *É benéfico para o relacionamento?* Se ambos os cônjuges concordarem completamente com o uso, sim. *Envolve uma terceira pessoa?* Não. *O ato é conhecido por seu cônjuge, aprovado por ele e o envolve?* Sim, sim e sim.

Baseada nas respostas a esse filtro, acredito que o uso de um vibrador é uma forma perfeitamente aceitável de prazer sexual mútuo. No entanto, se você ou seu cônjuge não se sentem confortáveis com a ideia de usar um vibrador, não devem fazê-lo.

Por que os homens não são capazes de simplesmente fazer carinho, sem a expectativa de que isso vai resultar em sexo?

Essa é uma das reclamações mais comuns que ouço das mulheres. Perguntei a Greg como ele responderia a essa pergunta, e aqui está o que ele me contou:

> Eu diria duas coisas à mulher que fez essa pergunta. Primeiro, não se esqueça de que seu marido quer fazer sexo porque a acha atraente, ou seja, entenda como um elogio! Ele quer intimidade com você. A ereção é um sinal inegável disso.
>
> Em segundo lugar, se você colocar um bife que acabou de ser frito na frente de um homem faminto, ele vai querer comê-lo. Mas, se você puser o mesmo bife em frente a um homem bem alimentado, ele não vai ter vontade nem de dar uma mordida. Em outras palavras, se seu marido é um homem sexualmente satisfeito (ou seja, se você não rejeita com frequência suas iniciativas sexuais), ele será, sim, capaz de "apenas fazer carinho". Mas, se ele vive pensando sobre quando irá conseguir fazer sexo com a esposa, "apenas carinho" pode ser uma tortura.

Greg tem demonstrado a veracidade dessa observação ao longo dos últimos anos. Quanto mais disponível sexualmente estou para ele, mais disponível emocionalmente ele se encontra para mim, em coisas como "apenas fazer carinho".

Continue aprendendo sobre seu relacionamento sexual

As dez perguntas "dele e dela" abordadas neste capítulo representam apenas uma fração das dúvidas sobre sexualidade humana que as pessoas têm. A sexualidade é um assunto tão complexo que poderíamos aprender coisas novas todos os dias de nossa vida e ainda assim nunca compreender tudo o que existe para se saber a respeito. Por isso, continue aprendendo acerca da sexualidade e crescendo juntamente com seu esposo no relacionamento sexual.

Talvez você tenha suas próprias perguntas cruciais. Se esse for o caso, procure respostas para essas questões por meio de outros livros cristãos, de um conselheiro profissional cristão de sua região ou conversando juntamente com seu esposo com seu pastor (sim, os pastores também são seres sexuais). Sempre penso na intimidade sexual como um presente que "não para de jorrar", porque é maravilhoso descobrir novas posições, novas sensações e novas fantasias sobre como tornar realidade os sonhos mais intensos de seu cônjuge.

Se marido e mulher tiverem uma atitude aberta, o sexo não precisa se transformar em algo entediante ou em apenas mais uma obrigação. Pode constituir uma forma empolgante e criativa de comunicação expressiva que provê intimidade, prazer, conforto e afirmação.

19

Do ponto morto ao piloto automático

O PRIMEIRO CARRO NOVO que comprei possuía um controle no painel chamado "piloto automático". Uma amiga me explicou que, se eu apertasse aquele botão depois de o carro ter alcançado certa velocidade, ele continuaria na mesma velocidade automaticamente assim que eu tirasse o pé do acelerador. Mas ela se esqueceu de me dizer que eu também precisava apertar o botão chamado "habilitar".

Segui suas instruções ao pé da letra, e o piloto automático não funcionou. Tentei de novo e de novo, e nada! Então, levei o carro de volta à concessionária e falei: "Esse piloto automático não funciona! Eu aperto o botão, tiro o pé do acelerador e a velocidade simplesmente começa a diminuir!". Eu não estava usando o piloto automático. Estava apenas com o pé fora do acelerador. Mas, quando aprendi a apertar "habilitar", aí, sim, nunca mais precisei do ponto morto novamente.

O casamento é bem parecido com meu primeiro carro novo. Ele promete muita satisfação, mas precisamos apertar os botões certos para extrair o máximo de alegria que ele pode oferecer. Se falharmos em aprender a satisfazer as necessidades de nosso marido (e a inspirá-lo a satisfazer as nossas também), é muito provável que nos tornemos complacentes ou autocentradas. A energia que colocamos e recebemos do relacionamento diminuirá gradualmente ao longo dos anos.

Espero que, a essa altura, você saiba que as coisas não precisam ser assim e também que, enquanto lia este livro, você tenha descoberto quais são os "botões" que a ajudarão a rumar automaticamente de volta à alegria conjugal que vocês um dia tiveram ou com a qual sempre sonharam. É importante lembrarmos de quando em quando as coisas que *não* devemos fazer para não extinguir a chama da paixão, bem como aquilo que *devemos* fazer para acender nossa alegria e paixão. Resumi essas diretrizes em duas tabelas nas páginas seguintes.

Há uma última palavra de sabedoria que gostaria de deixar com você. Se seu desejo é ter amor, confiança, respeito e paixão incondicionais de seu esposo, faça o que for possível para aliviar a carga dele.

Aliviando a carga dele

Você se lembra da grande explosão emocional que mencionei no início deste livro? Eu estava considerando deixar Greg e nossos dois filhos pequenos para sair em busca do amor que acreditava merecer, quando exclamei em lágrimas:

— Você não satisfaz minhas necessidades emocionais!

Mas Greg foi capaz de ver além de minhas fraquezas, compreender minhas necessidades genuínas e respondeu com sinceridade:

— Shannon, você tem um Grand Canyon de necessidades emocionais e, mesmo que todos os homens da cidade fizessem uma fila na sua porta para passar tempo com você, ainda não seria o bastante! *Até você ver em Deus aquele que pode suprir suas necessidades emocionais*, não há nada que eu nem nenhum outro homem possamos fazer para satisfazê-la!

Embora algumas mulheres pudessem ter entendido tal resposta como um insulto de primeiro grau, reconheci a verdade na declaração de Greg. Com toda a honestidade, foi, na verdade, um alívio ouvir aquelas palavras. Eu já havia dado a vários homens a oportunidade de satisfazer minhas necessidades emocionais, e a ideia de que Deus seria capaz de fazê-lo me deu um lampejo de esperança. Com o incentivo de Greg, comecei a fazer terapia e embarquei numa jornada de descoberta de um nível mais profundo de intimidade e satisfação em meu relacionamento com Jesus Cristo. Descobri que Deus não é apenas um ser espiritual distante ou uma figura paterna celestial, mas que pode ser o amante apaixonado de minha alma, que sacrificou a vida de seu Filho para que pudéssemos estar juntos na eternidade. Também aprendi que não posso colocar sobre os ombros de meu marido o fardo da responsabilidade de ser minha fonte emocional em tudo. Apenas Deus é capaz de carregar esse fardo.

Atitudes que destroem a intimidade física e mental	Atitudes que incentivam a intimidade física e mental
• Ser uma parceira relutante	• Ser uma parceira receptiva
• Esbarrar no muro (deixar que seus sentimentos comandem e rejeitar os avanços sexuais do marido)	• Escalar o muro (responder aos avanços dele sabendo que seus sentimentos logo farão o mesmo)
• Inibição (esconder o corpo por vergonha)	• Exibição (estimular seu marido visualmente)
• Obsessão com o tamanho ou a forma física	• Sentir-se bem sobre si mesma e quanto à própria capacidade de sedução
• Procrastinação (adiar o sexo por tempo indeterminado)	• Iniciação (procurá-lo sexualmente o quanto antes)
• Sexo tipo lâmpada (energia sexual dispersa)	• Sexo tipo raio *laser* (energia sexual concentrada)

Kathleen também aprendeu que isso é verdade. Ela escreve:

> Às vezes, fico bastante frustrada quando sinto que meu marido e eu estamos em um impasse, mas nesses momentos Deus me agracia com um amor por Brian que me ajuda a ver além da situação atual. Tudo se resume à opção em me concentrar em mim mesma ou em Deus. Descobri que, quando dedico tempo para a devoção pessoal diária, tenho muito mais facilidade de me concentrar em Deus e permitir que ele atenda a minhas necessidades, sem esperar que Brian seja tudo para mim. Esse é o tipo de pessoa que desejo ser. Quero que Brian se sinta transbordando de amor por mim, não apenas por minha aparência, mas devido a meu caráter. Desejo que ele se orgulhe de sua esposa espiritual, forte, ajudadora e fiel. Quero que as pessoas me vejam com Brian e pensem: "Uau! Ele é um homem de sorte!".

Julie, que participou do capítulo 12, também nos conta sobre como aprendeu a colocar sua esperança de satisfação plena em Cristo, em vez de no marido:

> Depois de seis anos em meu segundo casamento, minha vida é muito diferente de antes. Embora meu segundo esposo seja um par mais adequado para mim, ainda existem aqueles dias nos quais o casamento poderia ser um grande desapontamento se eu estivesse contando com meu marido para me fazer feliz e preencher todos os vazios — *e sempre haverá vazios* nesta vida. Nesses momentos, conto com Jesus para ser meu marido perfeito e verdadeiro. Como faço isso? Vou até ele em sua Palavra e por meio de orações íntimas (escrevo minhas orações a ele), para poder me banhar em seu amor satisfatório e incondicional por mim. Esse amor preenche os vazios, às vezes me faz rir de alegria, sempre acalma meu coração ansioso, nunca me desaponta e posso sempre contar com ele.
>
> Quando sou amada dessa maneira, sinto-me capaz de demonstrar o amor miraculoso de Deus a meu companheiro, mesmo nas horas em que penso que ele não merece receber amor. Tenho capacidade de dar mesmo quando não estou

Atitudes que destroem a intimidade física e mental	Atitudes que incentivam a intimidade física e mental
• Sexo como um meio para a proximidade	• Sexo como uma resposta à proximidade
• Esconder por trás de máscaras	• Transparência emocional e espiritual
• Exigir intimidade	• Inspirar intimidade
• Exibir um espírito de rejeição	• Exibir um espírito de aceitação
• Causar vergonha ou se apegar a ela	• Perdoar a si mesma e aos outros
• Considerar o sexo um ato mundano	• Considerar o sexo um ato santo de adoração

recebendo, de ser como Jesus para o homem com quem compartilho minha vida e de lhe oferecer graça mesmo quando ele não "merece". E o melhor de tudo, tirei toda a pressão dos ombros de meu marido terreno de me fazer feliz.

À medida que meu relacionamento com Jesus foi crescendo, passei a tomar consciência de como ele continua a "ser romântico comigo" em coisas como pores do sol de tirar o fôlego, campos de flores selvagens em montanhas coloridas, tempestades magnificentes com seus raios e a criatividade incrível dos animais e da natureza. Ele se importa com *tudo* que é importante para mim, mesmo quando meu marido não o faz. Ele é forte e seguro quando meu esposo me desaponta. Ele está disponível para mim quando ninguém mais está. *Esse* é o tipo de amor no qual posso colocar minhas esperanças!

Quando colocamos nossa esperança no amor infalível de Jesus Cristo e vivemos de acordo com as orientações perfeitas de Deus para o casamento, todo nosso mundo pode mudar para melhor.

Um mundo novo

Embora tenha dado grandes passos ao longo desses dezesseis anos de casamento, ainda desejo firmemente viver muitos dos princípios deste livro. Ainda há muito espaço para avanços em fazer que Greg se sinta querido e amado pelo pai, marido e ser humano maravilhoso que ele é.

É possível que haja espaço para avanços em seu casamento também. Se você concorda com isso, não quero que se sinta culpada ou condenada pelo fato de ter falhado em ser a esposa que deseja. Nenhuma de nós tem sido a esposa perfeita, e nunca o será, mesmo após a leitura de um livro como este. No entanto, espero que este livro a tenha inspirado com algumas ideias práticas sobre como evitar que o coração de seu marido esfrie e tenha demonstrado como você pode acender novamente e alimentar a chama de seu amor por você.

Se conseguíssemos aprender a acender a alegria e a paixão que tanto maridos quanto mulheres desejam no casamento, imagine o efeito que isso teria não apenas sobre nossa família, mas na sociedade como um todo! Haveria menos estresse e um sentimento muito maior de paz nos lares. O índice de divórcios seria drasticamente reduzido. Os Filhos cresceriam em lares com pai e mãe, tendo a segurança de que eles realmente se amam. Em decorrência disso, não seriam tentados a entrar para gangues, envolver-se com drogas, álcool, automutilação ou outras atividades na tentativa de disfarçar a dor. Os jovens perceberiam que vale a pena esperar até o casamento para ter relações sexuais, pois os adultos seriam modelos de relacionamentos saudáveis, felizes e repletos de paixão. Como resultado, a gravidez antes do casamento e a taxa de aborto diminuiriam, e as doenças sexualmente transmissíveis não constituiriam uma preocupação econômica e social tão grande.

Esses princípios são a melhor forma de salvaguardar os casamentos do divórcio e da traição, a melhor maneira de os membros da família viverem em harmonia uns com os outros e o melhor jeito de as crianças crescerem em lares onde aprendem a respeitar, amar e querer bem aos outros, incluindo, algum dia, seu próprio cônjuge.

Se adotarmos esses princípios e batalharmos para colocá-los em prática, passando os valores para as gerações futuras, poderemos inspirar um mundo novo e maravilhoso onde viver — um mundo no qual o casamento seria novamente celebrado e visto como uma instituição santa, onde nossas crianças se sentiriam seguras e onde o amor inesgotável de Cristo seria evidenciado em nosso coração e em nosso lar.

Notas

Capítulo 1

[1] Amy ALKON. "Ask the Advice Goddess", *Dallas Morning News*, 25 de out. de 2004.

Capítulo 2

[1] Diane PASSNO. *Feminism: Mystique or Mistake?* Wheaton: Tyndale, 2000, p. 7-8, 20-21.
[2] Rio de Janeiro: Sextante, 2005.
[3] New York: Harper Collins, 2004, p. 53-54.
[4] Federal Bureau of Investigation, "Crime in the United States, 2003". Murder by Relationship, figure 2.4, <www.fbi.gov/ucr/cius_03/pdf/03sec2.pdf>.
[5] Laura SCHLESSINGER. New York: Harper Collins, 2004, p. 99-100.

Capítulo 3

[1] T. MIRACLE, A. MIRACLE e R. BAUMEISTER. *Human Sexuality: Meeting Your Basic Needs*. Upple Saddle River, NJ: Prentice Hall, 2003, p. 465.

Capítulo 4

[1] Grand Rapids: Zondervan, 2000, p. 96-97.
[2] *Cristianismo puro e sinmples*. São Paulo: Martins Fontes, 2005.

Capítulo 5

[1] Laura SCHLESSINGER. *The Proper Care and Feeding of Husbands*. New York: Harper Collins, 2004, p. 21.

Capítulo 6

[1] "Nearly One in Three U.S. Adults in a Committed Relationship Has Lied to His or Her Partner About Spending Habits, New Survey Finds". Pesquisa realizada com <www.lawyers.com> e *Redbook*, New York, 11 de out. de 2005. Disponível em <www.lawyers.com/lawyers/G~1029924~LDS/REDBOOK+SURVEY.html>.

Capítulo 7

[1] Awana (do inglês, Approved Workmen Are Not Ashamed, ou seja, "obreiros aprovados não se envergonham", inspirado em 2Tm 2:15) é uma organização evangélica internacional sem fins lucrativos que tem como objetivo levar crianças e jovens a conhecerem, amarem e servirem a Jesus. Mais informações em <http://www.awana.org>. (N. do T.)

Capítulo 10

[1] Right é um sobrenome nos Estados Unidos, mas também é uma palavra que significa "certo, certa". (N. do T.)

Capítulo 11

[1] Waco: Word, 1985, p. 199-200.
[2] Malcolm Gladwell. *Blink*. New York: Little, Brown and Company, 2005, p. 206.
[3] Laura Schlessinger. New York: Harper Collins, 2004, p. 64.

Capítulo 12

[1] Sisters: Multnomah, 2004, p. 22-23.
[2] Shaunti Feldhahn, *For Women Only*. Sisters: Multnomah, 2004, p. 27.
[3] Idem, p. 24-26.
[4] Toronto: Harper Collins, 1993, p. 68-69.
[5] Essas descrições de personalidade são extraídas de "Servants by Design Inventory" [Feitos para servir: relatório]. Para mais informações, acesse <www.youruniquedesign.com>.

Capítulo 13

[1] *Gifts From The Heart*. San Francisco: Acada, 1998, p. 87-88.
[2] *Under the Umbrella: Improving Your Communication Skills*. Autopublicado por B. Thomas Haygood, phD, Haygood and Associates Counseling Office, 1401 WSW Loop 323, Tyler, TX 75701, p. 9.
[3] San Francisco: Acada, 1998, p. 93.

Capítulo 14

[1] Julia Child escreveu livros de culinária e foi apresentadora de televisão. Martha Stewart se consagrou como apresentadora de programas relacionados ao lar. A referência à Bruxa Malvada do Oeste alude à personagem maligna de *O mágico de Oz*. (N. do T.)

Capítulo 15

[1] Shaunti Feldhahn, *For Women Only*. Sisters: Multnomah, 2004, p. 93-94, 98.
[2] Nashville: Thomas Nelson, 2001, p. 192.

Capítulo 16

[1] Colorado Springs: WaterBrook, 2004, p. 51-52, 56-57.

Capítulo 17

[1] Brentwood: Integrity, 2004, p. 114-115.

Capítulo 18

[1] Colorado Springs: WaterBrook, 1999, p. 199-201, 203-204.
[2] Lorraine ALI e Lisa MILLER. "The Secret Lives of Wives", *Newsweek*, 12 de julho de 2004, p. 3. Disponível em <www.msnbc.msn.com/id/5360418/site/newsweek>.
[3] T. MIRACLE, A. MIRACLE e R. BAUMEISTER. *Human Sexuality: Meeting Your Basic Need*s. Upple Saddle River: Prentice Hall, 2003, p. 92-93.

Compartilhe suas impressões de leitura escrevendo para:
opiniao-do-leitor@mundocristao.com.br
Acesse nosso *blog*: www.mundocristao.com.br/blog

Diagramação: Triall Composição Editorial Ltda.
Preparação Rosa Ferreira
Revisão Josemar de Souza Pinto
Fonte: Adobe Caslon
Gráfica: Imprensa da Fé
Papel: Lux cream 70/gm² (miolo)
Cartão 250/gm² (capa)